남성을 위한 5가지 사랑의 언어

THE FIVE LOVE LANGUAGES FOR MEN
by Gary Chapman

This book was first published in the United States by Northfield Publishing,
820 N. LaSalle Blvd., Chicago, 60610, with the title
The Five Love Languages for Men
Copyright © 2015 by D. Gary Chapman.
All rights reserved.

Korean Edition published by Word of Life Press, Seoul 2016
Translated and published by permission.
Printed in Korea.

남성을 위한
5가지 사랑의 언어

© 생명의말씀사 2016

2016년 3월 3일 1판 1쇄 발행
2024년 7월 10일   3쇄 발행

펴낸이 ｜ 김창영
펴낸곳 ｜ 생명의말씀사

등록 ｜ 1962. 1. 10. No.300-1962-1
주소 ｜ 서울시 종로구 경희궁1길 6 (03176)
전화 ｜ 02)738-6555(본사) · 02)3159-7979(영업)
팩스 ｜ 02)739-3824(본사) · 080-022-8585(영업)

기획편집 ｜ 정설아
디자인 ｜ 윤보람
인쇄 ｜ 주손디앤피
제본 ｜ 주손디앤피

ISBN 978-89-04-14143-2 (03230)

인정하는 말
함께하는 시간
선물
봉사
스킨십

남성을 위한
5가지 사랑의 언어

게리 채프먼 · 랜디 서던 지음
박상은 옮김

생명의말씀사

성공적인 결혼 생활을 위해

분투한 경험담을 나눌 수

있게 해준 많은 남성에게

이 책을 바칩니다.

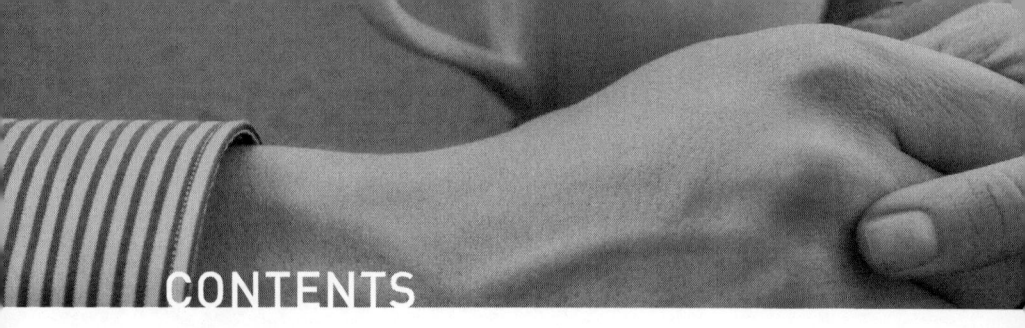

CONTENTS

THE FIVE LOVE
LANGUAGES
FOR MEN

서문 사랑의 언어를 배우라 · 8

01 얼마나 많은 언어를 사용하는가?　　· 11

02 사랑의 언어 #1 인정하는 말　　· 21

03 사랑의 언어 #2 함께하는 시간　　· 39

04 사랑의 언어 #3 선물　　· 57

05 사랑의 언어 #4 봉사　　· 73

06 사랑의 언어 #5 스킨십　　· 89

07 당신의 사랑의 언어는 무엇인가?   · 105

08 문제를 해결하는 법   · 117

09 분노를 다스리는 법   · 131

10 사과의 기술   · 147

부록
사랑의 언어 FAQ · 164
5가지 사랑의 언어 검사_ 남편용 · 189
5가지 사랑의 언어 검사_ 아내용 · 197

사랑의 언어를 배우라

이 책은 결혼 생활에 대한 통찰을 제공해 준다. 5가지 사랑의 언어에 관한 내용뿐 아니라 사랑의 언어가 자유롭게 소통되는 데 필요한 기술, 곧 분노를 다스리는 법과 사과의 기술 또한 다루고 있다. 다양한 예화와 일러스트도 실려 있어 더욱 흥미롭게 책을 읽어 나갈 수 있을 것이다.

새로운 사랑의 언어를 배우기란 쉽지 않다. 시행착오를 겪으면서 배우는 것이 최상의 방법일 때가 많은데, 이것은 짜증을 유발할 수도 있다. 익숙한 방식에서 한 걸음 나오려 하다 보면 실수를 저지르기도 하고 상황이 더 나빠지기도 한다. 사랑의 언어를 구사하려는 노력이 실패로 돌아가거나 배우자에게 감동을 주지 못할 때면, 우리는 화를 내고 싶은 유혹에 빠질 것이다.

이는 잘못된 것이 아니다. 분노는 죄가 아니라 자연스러운 반응이다. 그렇지만 분노를 어떻게 다스리느냐가 큰 차이를 만들어 낸다. 건강한 방식으로 분노를 다스리는 법을 배우면 부부 관계에 큰 변화가 일어날 것이다.

이와 마찬가지로 사과의 기술을 완전히 익히면 오래도록 건강한 결혼 생활을 이어 갈 수 있을 것이다. 사과를 올바르게 하면 우리는 몇 달, 혹은 몇 년에 걸쳐 우리를 괴롭혀 왔던 긴장과 갈등, 상한 감정 등에서 헤어나올 수 있다. 사과는 당신의 배우자가 당신에 대해 생각해 왔던 방식을 변화시킬 수 있다. 또한, 다른 어떤 말이나 행동보다 더 빨리 서로 간의 장벽을 무너뜨릴 수 있다.

사랑의 언어에 이어 이 2가지 새로운 기술까지 익히면 당신은 배우자의 삶을 변화시키는 데 그 어느 때보다 더 잘 준비될 것이다.

_랜디 서던

THE FIVE LOVE
LANGUAGES
FOR MEN

01

THE FIVE LOVE LANGUAGES FOR MEN

얼마나 많은 언어를 사용하는가?

결혼 10주년을 기념하는 리마인드 웨딩 때 엽기적인 파티를 열어, 자칭 "엽기녀"인 아내를 깜짝 놀라게 한 남편의 이야기를 들어 본 적이 있는가? 그는 아내의 관심사인 대중문화를 주제로 파티를 열었다. 그 준비 과정은 무려 18개월이나 걸렸다고 한다. 신랑의 들러리들은 턱시도 안에 슈퍼 히어로의 로고가 인쇄된 셔츠를 받쳐 입었고, 반지를 운반하는 역할을 맡은 네 살배기 아들은 슈퍼맨 망토를 걸쳤다. 주인공 부부가 좋아하는 영화와 드라마(「슈퍼맨」, 「스타워즈」, 「파이어플라이」, 「닥터 후」)의 장면들로 케이크를 장식하기도 했다. 남편은 파티를 준비하는 동안 친구와 친척을 총동원하면서도 아내에게는 이 모든 일을 비밀로 했다.

여자 친구와 만난 지 1년 된 기념으로 두 사람이 사랑에 빠진 이야기를 전단에 인쇄하여 온 뉴욕 시에 붙인 남자도 있다. 그는 사람들에게 이 전단을 사진으로 찍어서 해시태그(hashtag, 트위터, 페이스북 등 소셜 미디어에서 '#특정 단어' 형식으로 특정 단어에 대한 글이라는 것을 표현하는 기능-편집자 주)를 표시해 인스타그램이나 트위터에 올려 달라고 부탁했다. 이 소식은 급속도로 퍼져 나가 무려 천 장이 넘는 사진이 SNS에 게시되었고, 그중에는 매트 라우어(NBC 「투데이 쇼」 진행자-역자 주) 같은 명사가 올린 것도 있었다.

결혼 6주년을 기념하며 책을 만들어 아내에게 선물한 남편도 있다. 그는 1년 동안 아내의 사랑스러운 점 365가지를 기록하여 이것을 두 사람이 함께 찍은 사진들과 엮어 한 권의 책으로 만들었다.

이런 이야기를 들으면 남편들은 대개 다음과 같은 반응을 보인다. 그들의 창의력을 높이 사며 경의를 표하거나, 아니면 다른 남편들을 형편없는 사람으로 만든다며 그들을 비판한다.

그러나 의외의 사실이 있다. **아내의 제1의 사랑의 언어를 염두에 두지 않았다면, 그들 역시 다른 남편들처럼 카드를 써 보내거나 중국 음식점에 들러 테이크아웃 음식을 사 오는 것만으로도 만족했을지 모른다는 것이다.**

무슨 말을 하느냐가 아니라 어떤 언어를 사용하느냐가 중요하다

중국 음식을 비하하거나 아내에게 감동을 주려고 애쓰는 남편들을 비판하려는 게 아니다. 사랑의 언어를 이해하는 게 중요하다는 사실을 강조하고자 함이다.

사람은 저마다의 제1의 사랑의 언어가 있다. 그것은 마음속 깊은 곳에 잠재한 애정과 헌신을 표현하게 하고, 때로는 얼빠진 미소를 짓게 하며, 진실한 사랑을 받고 있다고 확신하게 해준다.

우리는 다음과 같은 5가지 사랑의 언어를 사용한다.

1. 인정하는 말(2장)

2. 함께하는 시간(3장)

3. 선물(4장)

4. 봉사(5장)

5. 스킨십(6장)

이 중 하나는 당신 아내의 마음에 와 닿을 것이다. 그녀가 다른 사랑의 언어에는 반응하지 않을 거라는 말이 아니다. 다른 4가지 언어는 그녀에게 마치 외국어처럼 느껴질 거라는 뜻이다. 영어가 모국어인 사람에게는 중국어가 외국어인 것처럼 말이다.

아내의 제1의 사랑의 언어를 사용하여 사랑을 표현하면, 마치 야구 방망이로 공을 제대로 쳤을 때처럼 '바로 이거야!'라는 생각이 들 것이다. 그리고 참으로 인상적인 결과를 접하게 될 것이다.

논리가 통하지 않는 영역

이론적으로는 제1의 사랑의 언어가 같은 사람끼리 끌리는 것이 맞다. 함께하는 시간이 제1의 사랑의 언어인 남성은 함께하는 시간이 사랑의 언어인 여성에게 끌려야 하고, 스킨십이 사랑의 언어인 남성은 스킨십이 사랑의 언어인 여성에게 끌려야 한다. 공통된 사랑의 언어를 토대로 편안하고 자유롭게 사랑을 전할 수 있기 때문이다. 그러나 언제부터 사랑에 논리가 개입되었단 말인가?

실제로는 사랑의 언어가 같은 사람끼리 결혼하는 경우는 흔치 않다. 그보다는 인정하는 말이 사랑의 언어인 남자가 봉사가(또는 함께하는 시간이나 선물이) 사랑의 언어인 여자에게 사랑을 느끼거나, 선물이 사랑의 언어인 여자가 함께하는 시간이(또는 스킨십이나 봉사가) 사랑의 언어인 남자에게 끌려 결혼하는 경우가 더 많다. 그러다가 서로 간에 점점 언어 장벽이 생기게 된다.

결혼 초기에는 사랑에 빠진 감정 때문에 언어 장벽을 잘 느끼지 못할 수 있다. 오직 서로를 기쁘게 해주고 싶다는 열망에 사로잡혀 두 사람은 자신의 성격과는 맞지 않는 행동을 하거나, 자신이 이해하지 못하는 사랑의 언어를 구사한다. 밤새워 희망과 꿈에 대해 이야기하고, 서로의 허리에 팔을 두른 채 오랜 시간 산책하며, 작지만 의미 있는 선물을 교환한다. 서로의 차이점 때문에 걱정했던 마음은 흥분된 감정에 밀려 싹 사라진다. 하지만 결국 두 사람은 서로 다른 사랑의 언어로 대화하게 된다.

공통된 사랑의 언어를 구사하는 부부들도 사랑의 언어를 표현하는 데 많은 방법이 있다는 사실을 알게 된다. 사랑의 언어에 이어 방법까지 똑같이 구사하는 사람들은 없다. 그 누구도 서로 같은 방식으로 사랑을 표현하지 않는다.

이것이 실패의 청사진처럼 보인다면 이 점을 생각하라. 미국의 하키 리그나 메이저 리그, 영국의 프리미어 리그에서 우수한 성적을 거두는 팀에서도 팀원들 간에 언어 장벽이 있다. 그들의 라커룸 안에 들어가 보면 최소한 3개 이상의 언어가 들릴 것이다. 하지만 이런 팀에 속한 선수들은 반드시 의사소통 방법을 찾아낸다. 탁월한 기량을 갖추기 위해 열심히 노력한다면, 언어 장벽이 결코 문제가 되지 않을 것이다.

신혼기가 끝났을 때

그러나 장애물은 여전히 존재한다. 새로운 관계를 맺으면서 느꼈던 신선한 감정이 사라지고, 신혼기 절정에 달했던 열정도 잦아든다. 이제 두 사람은 일상에 적응하여 자신이 가장 잘하는 언어를 사용하기 시작한다.

봉사가 사랑의 언어인 남편은 자신의 '모국어'로 아내에 대한 사랑을 표현하느라 바쁘다. 그는 아내의 차를 정비하고 세차한다. 물이 새는 수도꼭지를 고친다. 침실 페인트칠을 다시 하고, 아내가 TV에서 보고 마음에 쏙 들어 하던 분위기로 침실을 꾸민다.

함께하는 시간이 사랑의 언어인 아내는 남편이 해준 많은 일에 고마워하면서도, 결혼 전 자신의 마음을 가득 채워 주었던 대화 시간을 그리워한다. 그녀는 남편이 자신의 사랑의 언어로 말해 주기를 원하지만, 남편은 그러지 못한다. 결국 아내의 '사랑 탱크'(진정으로 사랑받고, 인정받고, 이해받고 있다는 느낌으로 채워지는 저장고)는 바닥나기 시작한다.

그다음 상황이 어떻게 전개될지는 두 사람에게 달렸다. 어떤 부부는 이를 자연스러운 과정으로 받아들일 것이고, 어떤 부부는 분주한 일상을 탓할 것이다. 짜증과 불만이 쌓여 갈등을 빚는 부부도 있을 것이고, 각자 자신에게 뭔가 문제가 있다고 여기며 조용히 고통을 감내하는 부부도 있을 것이다. 애초에 결혼을 하지 말았어야 한다고 후회하는 부부도 있을 것이다.

사랑 탱크가 텅 비어 버렸을 때 어떤 일이 일어날지는 아무도 확신할 수 없다.

힘든 상황 속에 기회가 있다

누군가 정신 이상이란 다른 결과를 기대하면서 같은 일을 반복하는 것이라고 말한 적이 있다. 그 말이 옳다면 많은 부부가 언어 장벽을 극복하기 위해 취하는 방법은 순전히 어리석은 짓이라고 할 수밖에 없다.

그들은 자신의 사랑의 언어를 더 많이 사용하면서 유일하게 아는 방

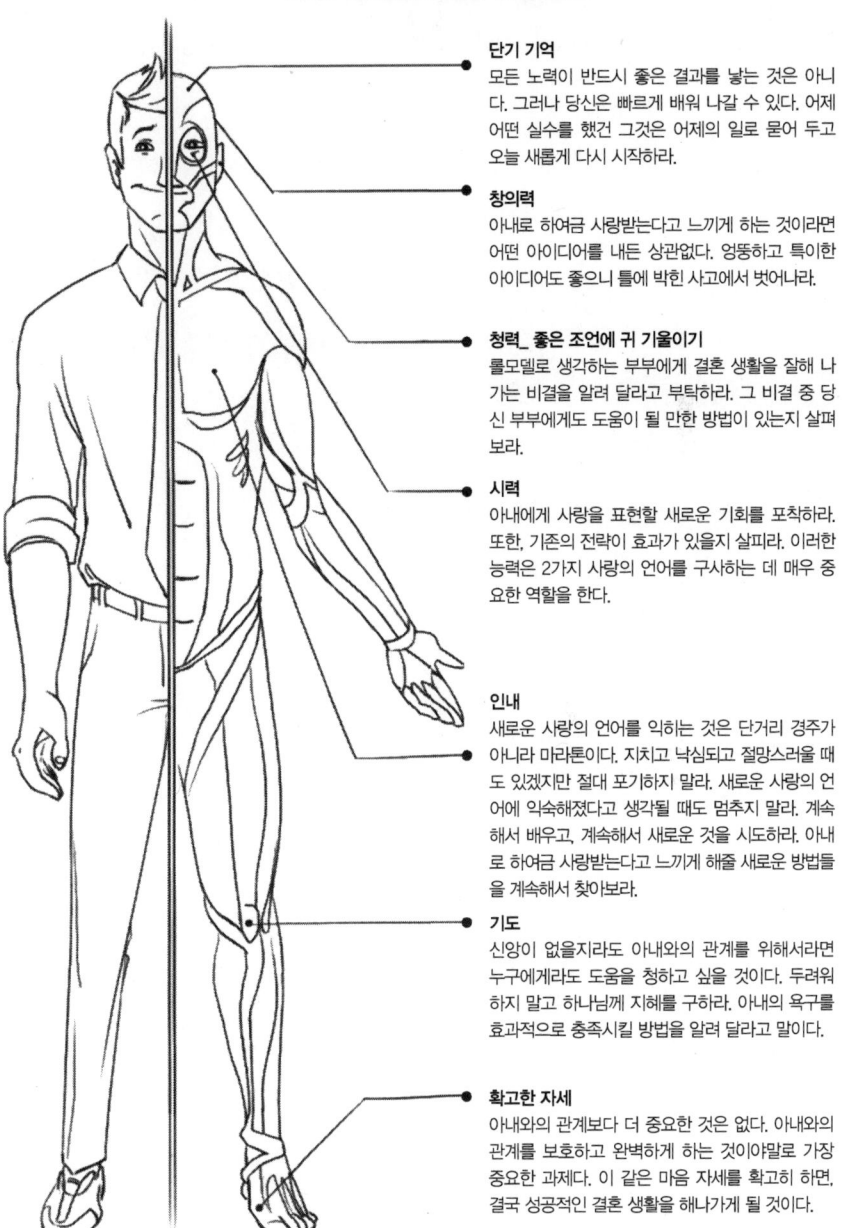

|성공적인 결혼 생활을 위한 요건|

단기 기억

모든 노력이 반드시 좋은 결과를 낳는 것은 아니다. 그러나 당신은 빠르게 배워 나갈 수 있다. 어제 어떤 실수를 했건 그것은 어제의 일로 묻어 두고 오늘 새롭게 다시 시작하라.

창의력

아내로 하여금 사랑받는다고 느끼게 하는 것이라면 어떤 아이디어를 내든 상관없다. 엉뚱하고 특이한 아이디어도 좋으니 틀에 박힌 사고에서 벗어나라.

청력_ 좋은 조언에 귀 기울이기

롤모델로 생각하는 부부에게 결혼 생활을 잘해 나가는 비결을 알려 달라고 부탁하라. 그 비결 중 당신 부부에게도 도움이 될 만한 방법이 있는지 살펴보라.

시력

아내에게 사랑을 표현할 새로운 기회를 포착하라. 또한, 기존의 전략이 효과가 있을지 살피라. 이러한 능력은 2가지 사랑의 언어를 구사하는 데 매우 중요한 역할을 한다.

인내

새로운 사랑의 언어를 익히는 것은 단거리 경주가 아니라 마라톤이다. 지치고 낙심되고 절망스러울 때도 있겠지만 절대 포기하지 말라. 새로운 사랑의 언어에 익숙해졌다고 생각될 때도 멈추지 말라. 계속해서 배우고, 계속해서 새로운 것을 시도하라. 아내로 하여금 사랑받는다고 느끼게 해줄 새로운 방법들을 계속해서 찾아보라.

기도

신앙이 없을지라도 아내와의 관계를 위해서라면 누구에게라도 도움을 청하고 싶을 것이다. 두려워하지 말고 하나님께 지혜를 구하라. 아내의 욕구를 효과적으로 충족시킬 방법을 알려 달라고 말이다.

확고한 자세

아내와의 관계보다 더 중요한 것은 없다. 아내와의 관계를 보호하고 완벽하게 하는 것이야말로 가장 중요한 과제다. 이 같은 마음 자세를 확고히 하면, 결국 성공적인 결혼 생활을 해나가게 될 것이다.

법으로 배우자에게 다가가려고 노력한다. 지혜롭기보다는 열심인 것이다. 그러면서 자신들의 행동을 배우자가 알아서 해석하고 이해하도록 책임을 지운다.

당신이 정신 이상이든 아니든, 최선을 다했든 아니든, 다른 여성에게라면 이상적인 남편이 될 수 있든 아니든, 아내의 제1의 사랑의 언어를 사용하지 않고는 그녀의 사랑 탱크를 채울 수 없을 것이다.

아내와 풍성하고 활기찬 관계, 예측 불가능하고 경이롭고 삶을 변화시키는 관계를 만들어 가려면 그녀의 사랑의 언어를 완전히 익혀야 한다. 2가지 언어를 구사해야 하는 것이다. 하지만 이 과정이 실제 언어를 배우는 것만큼 힘들게 느껴지지는 않을 것이다.

다른 사랑의 언어를 유창하게 구사하는 것은 골프 스윙을 완벽하게 해내는 것에 비유할 수 있다. 프로 골퍼에게 지도를 받아 본 적이 있는 사람이라면 골프를 배울 때 가장 먼저 해야 할 일은 수년간 몸에 밴 나쁜 습관을 모두 버리는 것임을 잘 알 것이다. 이는 처음부터 다시 시작해야 한다는 의미이기도 하다. 처음에는 부자연스럽게 느껴지겠지만 점차 나아질 것이다. 연습을 반복하다 보면 바람직한 결과를 얻게 될 것이다.

새로운 사랑의 언어를 배울 때도 마찬가지다. 만약 당신의 사랑의 언어가 봉사라면, 아내에게 함께하는 시간이라는 사랑의 언어를 구사하는 일이 부자연스럽게 느껴질 수 있다. 처음에는 물론 노력하는 과정이 억지스럽겠지만 적절한 태도를 갖추면, 그리고 다음에 이어지는 조언과 전략을 활용하면 제2의 사랑의 언어를 완전히 익힐 수 있을 것이다. 그 과정에서 당신의 아내는 특별한 사랑을 느끼며 사랑 탱크가 가득 차게 되고, 당신은 아내를 사랑하는 한 남편으로서, 자녀의 역할 모델로서 자신이 얼마나 잘해 나가고 있는지 확인하게 될 것이다.

2가지 사랑의 언어에 능숙해진다는 것은 다른 사람의 삶을 변화시킬 수 있다는 뜻이다.

THE FIVE LOVE
LANGUAGES
FOR MEN

02 THE FIVE LOVE LANGUAGES FOR MEN
사랑의 언어 #1 <u>인정하는 말</u>

고대 히브리 지혜서를 쓴 솔로몬 왕은 "죽고 사는 것이 혀의 힘에 달렸다"(잠 18:21)고 했다. 이 말이 약간은 과장되게 들릴지도 모르겠으나 말에는 분명 놀라운 힘이 있다.

상사에게 특별히 좋은 평가를 받아 본 적이 있는 사람이라면 칭찬의 말이 삶에 얼마나 큰 활력을 불어넣어 주는지 잘 알 것이다. 반면에 운동 경기 도중 코치에게 불려 가 수많은 관중 앞에서 꾸지람을 들어 본 적이 있는 사람이라면 죽고 싶다는 생각이 왜 드는지 이해될 것이다.

적절한 때 적절한 사람이 한 적절한 말은 여느 때 같으면 엄두도 내지 못할 일을 할 수 있게 하고, 때에 따라서는 거의 불가능한 일도 해낼 수 있도록 영감을 불어넣어 준다. 이는 영화를 통해서도 알 수 있는 사실이다.

영화 「록키 2」에서 주인공 록키의 연인인 에이드리언은 병상에 누워 록키에게 이렇게 말했다. "나를 위해 해줬으면 하는 일이 하나 있어요. 시합에서 꼭 이기세요."

「루디 이야기」에서 운동장 관리인인 포튠은 루디에게 이렇게 말했다. "넌 170cm도 안 되는 키에 몸무게는 90kg도 안 나가는, 그야말로 형편없는 체격 조건을 가지고 있어. 게다가 운동 능력이라곤 눈곱만큼도 없지. 하지만 넌 지난 2년간 미국의 대학 풋볼팀 중 최고의 팀에서 뛰어 왔어. …… 살면서 누군가에게 뭔가를 꼭 증명해 보일 필요는 없어. 자기 자신을 제외한 그 누구에게도 말이야." 이 말을 들은 루디는 팀에서 나오겠다는 생각을 더는 하지 않았다.

「후지어」에서 데일 코치는 선수들 앞에서 짤막한 연설을 했는데, 이는 인디애나 주 농구 역사상 가장 위대한 승리의 무대를 펼치도록 선수들을 이끌었다. "관중이나 상대 학교의 규모, 상대 팀 선수들의 멋진 유니폼 따위는 잊어버리고 여러분이 이곳에 있는 이유만 기억하길 바란다. …… 여러분이 자신의 잠재력을 발휘하는 데 집중하여 최선의 것을 끌어낸다면, 경기 결과가 어떻게 나오든 상관하지 않겠다. 내 책에는 여러분이 승자로 기록될 것이다!"

인정하는 말은 영감을 주고 격려하고 고무시키는 힘이 깃들어 있어 결혼 생활에도 강력한 도구가 되어 준다.

격려하는 말을 하라

마크 트웨인이 "나는 한 번 칭찬을 들으면 두 달은 잘 지낼 수 있다."라고 말한 적이 있다. 그는 인정하는 말의 중요성을 아는 사람이었다. 그의 고백은 인정하는 말이라는 사랑의 언어의 핵심을 찌른다. 인정하는 말이 제1의 사랑의 언어인 사람들에게 칭찬과 격려는 단지 듣기 좋은 말이나 예의상 하는 말로 들리지 않는다. 그들에게는 삶의 자양분 같은 역할을 한다.

"잘했어!", "그렇게 차려입으니 완전히 다른 사람 같은걸!", "훌륭해!"라는 말을 들을 때 그들은 그 말들 속에서 "당신은 가치 있는 존재야.", "사랑해.", "당신은 특별해."라는 의미를 함께 느낀다.

말의 참된 힘은 사람들의 내면에 존재하는 사랑 탱크를 채운다는 것이다. 아내의 제1의 사랑의 언어가 인정하는 말이라면 언제든 이 힘을 사용할 수 있다.

이 힘을 사용하는 것에 대해 당신이 어떻게 느낄지는 당신의 제1의 사랑의 언어가 무엇이냐에 달렸다. 당신이 말보다 행동을 중시하는 '남자답고 과묵한 타입'이라면, 인정하는 말을 통해 의사소통을 해나가는 과정이 매우 어렵게 느껴질 것이다. 하지만 당신이 어려움(특히 사랑과 관련한)을 회피하려 드는 사람이었다면, 지금 이 책을 읽고 있지도 않을 것이다.

당신은 인정하는 말을 유창하게 구사할 수 있다. 그 시작을 위해 몇 가지 도움말을 주겠다.

아부는 도움이 되지 않는다

아부는 인정하는 말이 아니다. 훈련되지 않은 귀에는 아부와 인정하는 말이 비슷하게 들릴 수 있으나, 이 둘 사이에는 몇 가지 뚜렷하고 중요한 차이점이 있다. 이 차이를 알아차려야 인정하는 말을 배우는 데 초보적인 실수를 줄일 수 있다.

아부는 상대방을 조종하고 통제하려고 하는 말이다. 아부에는 의도와 목적이 있다. 아부의 궁극적인 목적은 상대방에게서 무언가를 얻어내거나 그에게 좋은 인상을 주는 것이다.

아부는 바람둥이("어이, 아가씨! 몸매가 끝내주는군요. 나랑 춤추지 않을래요?")나 아첨꾼("오늘따라 멋져 보이시네요. 요즘 운동하세요?")이 하는 말이다. 당신의 아내는 아부를 자주 듣다 보면 그것이 아부라는 사실을 더 잘 알아차리게 될 것이다. 아부에는 진실성이 빠져 있다. 진실성은 의미 있는 칭찬의 주된 요소다. **인정하는 말로 아내의 삶에 변화를 주고 싶다면, 자신이 하는 말을 믿어야 한다.**

얄팍한 아부와 달리 인정하는 말에는 깊이가 있다. 인정하는 말은 상대방(이 경우에는 아내)에 대한 깊은 이해에서 비롯된다. 아부와 달리 인정하는 말은 의심을 불러일으키거나 상대방으로 하여금 방어적인 자세를 취하게 하지 않는다. 인정하는 말을 듣고 방어 태세를 취하거나 거부 반응을 보일 사람은 없을 것이다.

유머에 기대지 말라

인정하는 말을 하는 것이 유난히 불편한 사람은 긴장을 해소하기 위해 유머에 기대고 싶은 유혹을 느끼기 쉽다.

이 같은 유혹에 빠지지 말라. 불편한 마음을 누그러뜨리려 한 농담이 의도치 않게 상대방에게 고통을 줄 수 있기 때문이다. 인정하는 말에 고무되고 동기 부여를 잘 받는 사람은 비아냥거리는 말이나 모욕적인 언사, 어설픈 칭찬에 상처를 잘 받는다. 몇 가지 예를 들면 다음과 같다.

- "오늘 저녁 식사는 최악은 아니었어."
- "노력만큼은 높이 살 만한걸."
- "그리 나쁘지는 않아. 35살 먹은 사람이 한 것치곤 말이지."

생각 없이 내뱉은 이런 비꼬인 칭찬은 상대에게 엄청난 해를 입힌다. 이런 말들을 하면 당신의 아내는 고마움이 아니라 고통을 느낄 것이다. **"농담이었어."라는 말은 빈약한 변명과도 같다. 인정하는 말을 듣고 싶어 하는 사람의 면전에 이미 재를 뿌렸으니 말이다.**

주의 깊게 관찰하라

인정하는 말을 통해 사랑을 전하는 데는 입뿐만 아니라 눈과 귀, 기억과 상상, 그리고 그 이상의 것이 필요하다. 인정하는 말을 유창하게 구사하려면 아내가 하는 일을 알고 고맙게 여겨야 한다. 그러려면 아내를 잘 관찰해야 한다. 아내가 무엇을 하고, 무슨 말을 하며, 사람들과 어떻게 상호 작용하고, 어떤 힘든 일을 하고도 고맙다는 소리조차 듣지 못하는지, 또 어떤 방식으로 당신이나 다른 사람들의 삶을 편안하게 해주는지 살펴보라.

　알게 된 사항들은 휴대 전화나 태블릿 PC 등에 입력해 두고, 매일 새롭게 알게 된 내용을 이 목록에 추가하라. 목록에는 아마 다음과 같은 내용이 포함되어 있을 것이다.

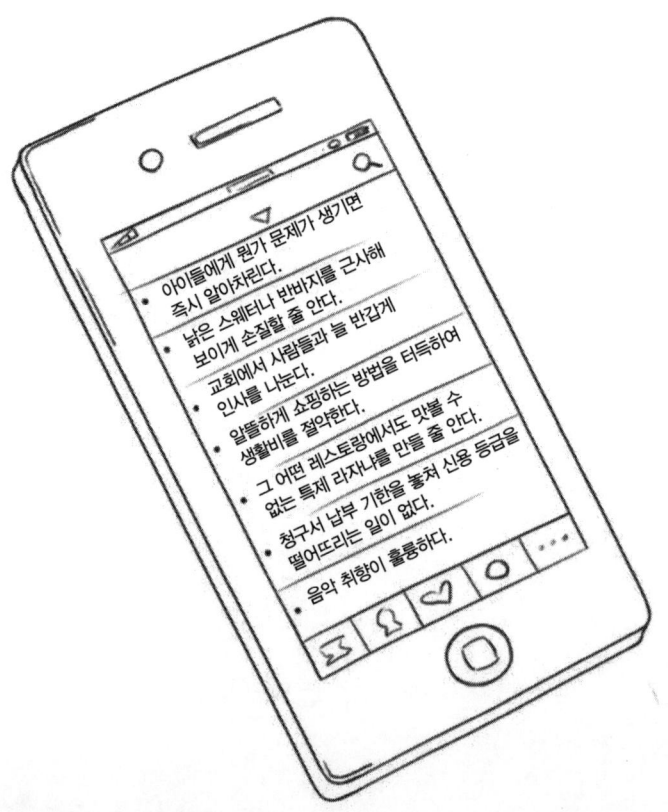

목록을 토대로 인정하는 말을 해준 다음에는 그 항목을 지우라. 이런 식으로 아내에게 늘 새로운 칭찬을 해줄 수 있다.

제3자를 통해 칭찬하라

축구 시합을 마친 뒤 누군가 당신에게 하이파이브를 청하며 "잘했어."라고 한다고 하자. 이번에는 체육관에 들어가다가 누군가 당신을 가리키며 "저 사람이 그렇게 축구를 잘한대."라고 한다고 하자. 둘 중 어느 쪽이 더 기분 좋은가? 두 경우 모두 당신은 칭찬을 받고 있다. 그러나 당신의 운동 실력이 다른 사람들에게 알려졌다는 점에서 두 번째 경우가 더 기분 좋을 것이다.

사람들이 당신에 대해 좋게 말하면 그날은 종일 기분이 좋을 것이다. 이를 염두에 두고 제3자를 통해 칭찬이 아내의 귀에 들어가게 할 방법을 찾아보자. 우선 아내가 없을 때 다른 사람들에게 아내를 칭찬하라. 아내가 어떤 일을 해냈고, 얼마나 솜씨가 좋은지 널리 알리라.

어떤 칭찬이 아내의 귀에 들어가게 할지는 통제할 수 없다. 그러나 당신이 한 칭찬을 잘 전할 것 같은 사람들, 이를테면 자녀나 친척, 당신의 친구나 아내의 친구, 아내의 직장 동료, 그 밖에 아내와 많은 시간을 함께 보내는 사람에게 아내에 대한 칭찬을 할 수 있다.

공개 석상에서 하는 칭찬도 아내의 사랑 탱크를 채우는 데 효과적인 역할을 한다. 당신 부부가 지인들과 함께 있을 때 아내를 칭찬할 기회를 포착하라. 저녁 식사를 한다면 이렇게 말할 수 있을 것이다. "티라

미수가 정말 맛있네요. 하지만 세상의 온갖 디저트 중에 아무거나 하나 골라 먹을 수 있다면 나는 아내가 만든 복숭아 파이를 택하겠어요."

자녀들이 잊지 못할 교훈

자녀들에게 오래도록 기억될 좋은 본보기가 되고 싶은가? 그렇다면 그들에게 아내가 얼마나 훌륭한 사람인지 알려 주라. 아내의 장점을 구체적으로, 그리고 진심으로 말하라. 넓은 마음으로 아내를 칭찬하라. 그런 여성과 결혼한 당신이 얼마나 축복받은 사람인지 확신을 가지고 말하라. 그러면 당신의 아들은 결혼해서 아내에게 비슷한 칭찬을 많이 하게 될 것이고, 딸은 칭찬을 많이 하는 사람과 결혼하게 될 것이다.

격려의 말이 자주 들리는 곳

아무리 좋은 기회를 만나더라도 거절당하거나, 당혹스러운 일을 경험하거나, 실패할 수 있다. 주사위를 던져서 그 결과를 직접 마주하려면 많은 용기가 필요하다. 실패할 위험이 있더라도 이런 기회를 찾고자 하는 사람들이 있다. 그런데 그들 앞에는 꼭 용기를 꺾으려는 사람들이 나타나기 마련이다. 어떤 일은 할 수 없다고, 시도해서도 안 된다고 하며 활기차고 의욕적인 분위기에 찬물을 끼얹는 것이다. 그들은 이렇게 우울하고 비관적인 생각을 퍼뜨린다. 그들의 의견에 반대하는 사람이 없을 때는 꽤 그럴듯하게 느껴진다.

당신은 그런 사람들처럼 되지 말고 배우자를 격려하는 사람이 되라.

당신의 아내에게는 아직 계발되지 않고 잠자고 있는 잠재력이 있을 것이다. 그 잠재력은 당신이 격려해 주기를 기다리고 있다. 어쩌면 그녀는 잠재력을 계발하기 위해 강좌에 등록하여 배워야 할 수도 있다. 혹은 영감을 얻기 위해 그 분야에서 성공한 사람을 만나야 할 수도 있다. 이때 당신의 격려는 아내에게 그 첫걸음을 내딛는 용기를 줄 것이다.

당신의 아내에게 당신이 원하는 것을 하도록 압력을 가하라는 말은 아니다. 아내가 관심 있어 하는 일을 더 잘할 수 있도록 격려하라는 것이다. 어떤 남편이 좋은 의도로 아내에게 보수가 더 나은 일자리를 찾아보라고 권했다고 하자. 남편은 아내를 격려하는 의미에서 그런 것이지만, 아내에게는 정죄하는 말로 들릴 수 있다. 아내가 원하던 바가 아니라면 말이다. 그러나 아내가 더 좋은 일자리를 바라거나 추구하고 있다면, 남편의 말은 결심을 굳게 하는 것이 된다. 아내가 그 소원을 갖기 전까지 남편의 말은 판단하고 죄책감을 주는 것으로 들린다. 사랑이 아니라 거부의 표현인 것이다.

그러나 아내가 "부업으로 케이터링 사업을 시작할까 봐요."라고 했다면, 남편은 격려의 말을 할 기회를 얻은 것이다. 이런 식으로 격려하면 된다. "그렇다면 이것 하나는 분명히 말할 수 있지. 당신은 잘해낼 거야. 내가 당신을 좋아하는 이유 중 하나가 바로 그거야. 당신은 마음만 먹으면 뭐든 꼭 해내고 만다니까. 당신이 그 일을 하고 싶다면 나도 적극적으로 도울게." 이런 말을 하면 아내는 용기를 얻어 그 일을 시작하게 될 것이다.

격려하기 위해서는 공감, 즉 아내의 관점에서 세상을 보는 것이 필요하다. 먼저 아내에게 무엇이 중요한지를 알아야 한다. 그때 비로소 용기를 북돋아 줄 수 있다. 말로 격려한다는 것은 "알아. 나도 도울게. 내가 당신과 함께 있잖아. 어떻게 도와줄까?"라고 마음을 전하는 것이다. 아내의 인격과 능력을 신뢰함을 보여 주는 것이다. 믿고 칭찬하는 것이다.

우리는 대부분 평생 계발해도 다 계발하지 못할 만큼 많은 잠재력을 가지고 있다. 잠재력 계발을 망설이는 이유는 대개 용기가 부족해서다. 사랑하는 배우자는 용기라고 하는 이 대단히 중요한 촉매를 제공할 수 있다.

말하는 방식, 말하는 내용

인정하는 말을 유창하게 구사하는 데는 칭찬과 격려를 완전히 익히는 것 말고 다른 것도 필요하다. 누가 들어도 사랑이 깃들어 있다고 느낄 만큼 분명한 어조와 태도로 말해야 한다. 사랑이 깃든 어조와 태도란 어떤 것일까? 우선 이렇게 말할 수 있다.

"사랑은 친절하다."

친절은 건강한 관계에 필수적이다. **아내에게 친절하게 말한다는 것은 어조와 태도까지 친절하다는 것이다.** 언뜻 생각하면 간단한 일 같지만, 사실 남성에게는 어려운 일일 수 있다. 남성은 어릴 적부터 말을 무기처럼 휘두르는 데 익숙해져 있다. 빈정대거나 장난스럽게(또는 그리 장난스럽지 않게) 이죽거리며 불쾌감을 표현하곤 한다. 어떤 사람에게는 장난스럽게 느껴지는 말이 진지한 대화를 통해 사랑을 확인하고자 하는 사람에게는 매우 불친절하게 느껴질 수 있다.

짜증이 나거나 화가 나 있을 때는 적절한 어조와 태도를 유지하는 것이 더욱 중요하다. 딱딱거리는 투로 "오늘 저녁에는 내가 설거지를 하지."라고 한다면 그것은 사랑의 표현으로 받아들여질 수 없다. 당신이 아무리 냄비를 깨끗이 닦는다고 해도 말이다. 반면 "오늘 저녁 당신이 나를 도와주지 않아 속상했어요."라는 말도 솔직하고 친절하게 하면 사랑의 표현이 될 수 있다.

어조와 태도를 통해 당신은 이해받기 원하는 감정을 아내에게 전달할 수 있다. 적절한 어조와 태도로 감정을 나누면서 친밀해질 수 있고, 상한 감정에 대해 이야기하며 치유 방법을 찾을 수 있다. 같은 말이라도 크고 거칠게 표현하면 그것은 사랑의 표현이 아니라 비난하고 정죄하는 표현이 된다.

상황이 좋지 않을수록 친절이 힘을 발휘한다. 아내가 화가 나서 격앙된 어조로 쏘아붙일 때는 조용하고 부드러운 목소리로 대답해 보라. 그녀가 자신의 감정과 기분에 대해 말하면 전부 들어 주라. 무슨 일로 상처받았고, 왜 화가 났으며, 어떤 생각을 하게 되었는지 표현하도록 해주라. 그녀의 입장에서 상황을 바라본 다음 그녀가 왜 그렇게 이해하는지에 대한 당신의 생각을 친절하고 부드럽게 표현하라. 만일 당신이 잘못했다면 솔직하게 잘못을 고백하고 용서를 구하라. 그렇지 않고 그녀가 당신의 동기를 전혀 다르게 이해한다면 친절하게 그 동기를 설명하라. **당신이 원하는 것은 이해와 화해이지, 벌어진 일에 대한 당신의**

해석이 절대로 옳음을 증명하는 것이 아니다.

사랑은 잘못을 기억해 쌓아 두지 않는다. 사랑은 과거의 잘못을 들춰내지 않는다. 결혼 생활을 하다 보면 항상 옳은(혹은 최선의) 일만 하는 것이 아니다. 배우자에게 상처를 주는 말을 할 수도 있다. 과거를 지울 수는 없다. 단지 그것은 고백하고 잘못했다고 시인할 수 있을 뿐이다. 용서를 구하고 앞으로 달라지도록 노력해야 한다. 아내에게 상처 준 일을 사과하고 용서를 구한 뒤에는 아내의 상한 마음을 누그러뜨릴 방법이 있는지 물어볼 수 있다.

아내가 잘못한 것을 아주 고통스러워하며 사과하고 용서를 구하면, 형벌을 내릴 것인지 아니면 용서해 줄 것인지 선택해야 한다. 내가 잘못을 심판하여 잘못에 대한 대가를 치르게 한다면, 나 자신은 재판관이 되며 아내는 죄인이 된다. 부부간의 친밀함은 불가능해진다. 그러나 용서를 택하면 친밀함이 회복될 수 있다. 용서가 사랑의 방법이다.

수많은 사람이 지나간 일을 잊지 못해 오늘의 새로운 날을 망치고 있다는 사실이 안타깝다. 어제의 잘못을 좀처럼 떨쳐 버리지 못하고 오늘로 끌어들이는 것이다. 그래서 기분 좋을 수 있는 오늘을 엉망으로 만든다. "당신이 그런 일을 하다니 믿어지지가 않아. 아마 평생 잊을 수 없을 거야. 그 일로 내가 얼마나 상처받았는지 당신은 모를 거야. 그래 놓고 어떻게 그렇게 아무렇지도 않은 얼굴로 거기 앉아 있는지 모르겠군. 내 앞에 무릎을 꿇고 용서를 구해야 돼. 그래도 용서할 수 있을지 난 모르겠어." 이런 말들은 사랑이 아니라 원망과 적의에 찬 말이다.

과거의 잘못을 처리하는 가장 좋은 방법은 과거는 과거로 끝내는 것이다. 그렇다. 그 일은 분명히 일어났었다. 당신에게 상처를 주었고, 그 상처는 지금도 당신을 힘들게 한다. 그러나 아내는 자신의 잘못을 시인하고 용서를 구했다. 과거를 지울 수는 없지만 그것을 지나온 삶의 일부로 받아들일 수는 있다. 과거의 잘못에서 자유로워져 오늘을 살기로 선택할 수 있다.

용서는 감정으로 하는 것이 아니라 헌신이다. 그것은 자비를 베풀겠다는 선택이지 배우자의 잘못을 들춰내는 것이 아니다. 용서는 사랑의 표현이다. "당신을 사랑해. 당신을 배려해. 그러니 용서할게. 상한 감정이 가시진 않았지만 지난 일 때문에 우리 사이가 멀어지게 둘 수는 없잖아. 이번 일에서 뭔가 배우는 게 있을 거야. 당신은 실수했지만 실패자는 아니야. 당신은 내 아내야. 우리는 함께 이 상황을 헤쳐나갈 거야." 이런 말들은 친절이라는 방법으로 표현된 인정하는 말이다.

약간의 겸손은 큰 효과가 있다

이 장에서 살펴볼 인정하는 말의 마지막 방법은 겸손이다. 사랑은 명령하지 않고 부탁한다. 내가 아내에게 무언가를 명령할 때, 나는 부모가 되고 아내는 아이가 된다. 그러나 결혼 생활에서 부부는 똑같은 위치에 있는 장성한 동반자다. 친밀한 관계를 발전시키려면 서로 바라는 것을 알 필요가 있다. 서로 사랑하고 싶으면 상대방이 무엇을 원하는지 알아야 한다.

그러나 바라는 것을 표현하는 방법이 매우 중요하다. 서로 명령하듯 말하면 친밀할 가능성은 사라지고 배우자에게 거리를 두게 된다. 하지만 정중하게 부탁하면 최후통첩을 던지는 것이 아니라 방향을 제시하는 것이다. 남편이 "조만간 그 특제 파스타를 만들어 줄 수 있을까?"라고 말한다면, 남편을 사랑하고 친밀해질 수 있는 방법을 알려 준 것이다. 반면에 "요즘 우리는 제대로 된 음식을 먹을 수 없단 말이야!"라고 명령한다면, 사춘기 소년과 같은 태도를 보이는 것이다. 이렇게 요구하면 아내는 "내가 만든 음식이 마음에 안 들면 당신이 직접 만들지 그래요!"라고 쏘아붙일 것이다.

당신이 아내에게 무언가를 부탁한다는 것은 아내의 소중함과 능력을 인정하는 것이다. 그것은 그녀가 당신에게 의미 있고 가치 있는 무언가를 할 수 있음을 나타내는 것이다. 그런데 명령한다면 사랑하는 사람이 아니라 폭군이 되는 것이다. 아내는 인정받는 것이 아니라 무시당한다고 느낄 것이다.

부탁은 선택할 여지를 준다. 아내는 당신의 요구에 응할 수도, 거부할 수도 있다. 사랑은 늘 선택하는 것이기 때문이다. 그러기에 그것이 의미가 있다. 아내가 나의 부탁을 들어줄 정도로 나를 사랑한다는 것은, 나를 사랑하고 존경하며 기쁘게 해주고 싶어 한다는 것을 감정적으로 전해 준다. 명령으로는 사랑의 감정을 얻을 수 없다. 아내가 내 명령에 응할 수도 있지만 그것이 곧 사랑의 표현은 아니다. 그것은 사랑이 아니라 두려움이나 죄책감, 또는 다른 어떤 감정에서 나온 행위다. 그러므로 부탁은 사랑을 표현할 수 있게 하지만 명령은 그 가능성을 없애 버린다.

아내와 상호 작용하는 데 이 같은 원리들을 자주 적용한다면 인정하는 말을 더 유창하게 구사할 수 있을 것이다. 그리고 아내와의 관계에 긍정적인 변화가 더 많이 일어날 것이다.

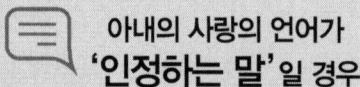

아내의 사랑의 언어가 '인정하는 말'일 경우

열심히 연습하면 '인정하는 말'을 유창하게 구사할 수 있다. 그 과정에서 아이디어가 잘 떠오르지 않는다면, 아래에 제시한 아이디어를 참고하라. 도움이 될 것이다.

1. 그냥 두루뭉술하게 "보기 좋은데."라고 말하지 말고 "당신한테는 그 색이 잘 어울려."라든가 "나는 당신이 머리를 그렇게 하는 게 좋더라."라는 식으로 구체적으로 말하라. 한 주 동안 날마다 **아내의 외모를 칭찬하라.**

2. 아내의 성품과 관련하여 **새롭게 발견한 점들을 구체적으로 말하는 습관을 들이라.** 예를 들면 이렇다. "예배가 끝나고 당신이 그 할머니와 대화를 나누는 방식이 정말 좋아 보였어." "나는 당신과 산책하는 게 좋아. 당신은 늘 흥미로운 것들을 지적하니까."

3. 아내가 마음속에 품은 소망과 꿈을 나눌 수 있도록 격려하라. 그리고 꿈을 실현하는 데 필요한 단계를 밟아 나가도록 **격려하는 말을 자주 하라.**

4. **아내가 자신의 재능과 강점을 알 수 있게 도우라.** 이를테면 "당신이 가르치는 일에 관심 있다고 말한 적은 없지만, 아이들을 다루는 모습을 보니 당신은 좋은 선생님이 될 것 같아."라고 말하는 것이다.

5. 미술에 소질이 있다면 **아내의 이름을 한가운데에 쓰고 그녀를 묘사하는 말이나 애 칭을 그 주위에 써서 포스터를 만들라.** 오래된 잡지나 신문을 오려서 아내에 대해 인정하는 말을 표현한 포스터를 만들어 보아도 좋다.

6. **아내에게 들려줄 노래 목록을 작성하라.** DJ가 되어 왜 그 노래들을 선정했는지 설명 해 주어도 좋다.

7. **아내에게 격려의 이메일을 보내라.** 특히 그녀가 힘든 하루를 보낸 날 이메일을 보내 주면 좋을 것이다. 이메일에 재미있는 웹사이트도 링크해 놓으라.

8. 최근에 아내와의 사이에서 문제가 되었던 일들을 돌아보고 **문제 해결을 위해 노력 하라.**

9. **"사랑해."라는 말이나 그 밖의 인정하는 말들을 다르게 표현**하는 방법을 배우라.

10. 일상적으로 하는 일이라 아내가 고맙다는 말을 들으리라고는 전혀 예상하지 못했 을 일에 대해 **감사를 표하라.**

THE FIVE LOVE
LANGUAGES
FOR MEN

03 THE FIVE LOVE LANGUAGES FOR MEN
사랑의 언어 #2 <u>함께하는 시간</u>

시간은 우리에게 가장 소중한 자산일 수도 있고 아닐 수도 있다. (당신이 대출금을 갚거나 대학 학비를 마련하려고 애쓰는 중이라면 아마 돈을 더 중요하게 생각할 것이다.) 어쨌거나 시간은 우리의 자산 중에서도 참으로 독특한 것이다.

이 지구상에서 숨 쉬는 모든 사람에게는 날마다 같은 양의 시간이 주어진다. 선호하는 단위에 따라 24시간이 될 수도 있고, 1,440분이 될 수도 있고, 86,400초가 될 수도 있는 시간이 말이다.

하루가 끝나면 모든 사람의 시간이 소진된다. 시간은 이월하거나 비축해 둘 수 없다. 한번 가버리면 다시는 돌아오지 않는다. 시간은 훔치거나 계좌 이체를 할 수도 없다. 사재기도 불가능하다. 시간에 관한 한 그 누구도 더 부유해질 수 없다. 시간이라는 시스템은 마음대로 훼손하거나 변경할 수 없다. 교환할 수도 환불받을 수도 없다.

시간은 극히 제한적이지만 수요는 엄청나다. 시간이 필요한 일들을 한번 생각해 보라.

업무, 야근, 통근, 운동, 취미와 여가 생활, 수면과 휴식…….

친구나 이웃, 교회 성도, 시민으로서의 책임…….

자녀의 학습, 운동회, 연주회 및 기타 활동…….

시간이 필요한 일은 너무나 많다. 하지만 일일이 다 살펴보기에는 시간이 턱없이 부족하다. 함께하는 시간이 제1의 사랑의 언어인 사람은 이 같은 진리를 누구보다 잘 이해할 것이다.

제1의 사랑의 언어가 함께하는 시간인 여성과 결혼했다면 조금은 기분이 좋을 것이다. 아내가 인정하는 말이나 선물, 봉사가 아니라 오직 당신을 원하기 때문이다. 아내는 당신의 소중한 시간 일부를 함께하는 것만으로도 진심으로 사랑받는다고 느낄 것이다. 이곳에서 함께 보내는 30분, 저곳에서 함께 보내는 한 시간, 부부 동반 모임이 있는 주말 등은 그녀의 사랑 탱크를 채우기에 충분한 시간이다. 그것이 올바른 종류의 시간이라면 말이다.

올바른 종류의 시간

질이 중요하다. 질이 좋다는 것은 높은 수준의 기대를 충족시킨다는 것이다. 자동차 정비공은 질 좋은 서비스를 제공하기 위해 브레이크를 갈 때 끝마무리를 대충 하지 않는다. 카뷰레터를 손볼 때 딴 데 정신 팔지 않는다. 배기관에서 나는 소음의 원인을 알아차리지 못했다고 해서 즉시 손을 털고 일어서지 않는다.

질을 중시하는 사람은 일할 때 여러 요소를 고려하면서 당면한 과제에 집중한다. 일이 제대로 안 된다고 그만두는 일은 절대 없다.

당신이 아내와 함께하는 시간도 마찬가지다. 그 시간이 질적으로 충실한 시간이 되게 하라. 이를 위한 몇 가지 방법이 있다.

완전히 집중하라

함께하는 시간이라는 사랑의 언어를 유창하게 구사하려면 올바른 마음가짐을 갖는 것이 핵심이다. 그러려면 무엇보다 주의를 집중해야 한다.

어떤 부부는 함께하는 시간을 가진다고 생각하나 사실은 가까이 살 뿐이다. 그들은 같은 시간에 같은 집에 있긴 하나 함께하고 있지 않다. 아내가 이야기하는 동안 문자 메시지를 보내고 있는 남편은 함께 시간을 보내는 것이 아니다. 완전한 관심을 주지 않기 때문이다.

함께하는 시간이란 서로가 눈을 마주 바라보면서 시간을 보내야 한다는 것도 아니다. 서로에게 온전히 집중하면서 함께 무엇인가를 하는 것을 말한다. 둘이 함께하는 활동이 중요한 게 아니다. 중요한 것은 서로가 감정적으로 관심을 집중하면서 시간을 보내는 것이다. 활동은 함께한다는 느낌을 불러일으키는 수단에 불과하다.

남편과 아내가 함께 테니스를 칠 때도 중요한 것은 게임이 아니라 둘이서 함께 시간을 보내고 있다는 사실이다. 정서적 차원에서 이루어

지는 일이 중요하다. 공동의 목적을 위해 함께 시간을 보내는 것은 서로 배려하고, 서로 함께 있는 것을 즐기고, 함께 무언가를 하는 것을 좋아한다는 사실을 전달해 준다.

진정한 대화를 하라

인정하는 말과 마찬가지로 함께하는 시간이라는 사랑의 언어에도 여러 가지 변형이 있다. 그중 가장 흔한 것이 진정한 대화다. 진정한 대화는 우호적인 분위기에서 누구의 방해도 받지 않고 서로의 경험이나 생각, 감정, 바람을 나누는 대화를 의미한다. 진정한 대화를 한다는 것은 다음과 같이 말하는 것이다.

- "당신이 편하게 말할 수 있도록 주의를 집중할게."
- "당신이 말할 때 공감하며 들을게."
- "몇 가지 질문을 할까 하는데, 당신을 괴롭히려는 것이 아니야. 진정으로 당신을 이해하기 위해서 하는 질문이야."

배우자가 대화를 하지 않는다고 불평하는 사람들은 대부분 상대방이 문자 그대로 대화를 하지 않아서 그러는 것이 아니다. 공감하며 대화하지 않는다는 말이다. 만일 아내의 제1의 사랑의 언어가 함께하는 시간이라면, 그런 대화는 사랑받고 있다고 느끼게 하는 데 아주 중요하다.

결혼 17년차인 43세의 패트릭이라는 남자를 만난 적이 있다. 당시 그의 첫마디가 너무나 극적이었기에 기억이 난다. 그는 내 사무실 의자에 앉아 간단히 자기소개를 한 뒤 몸을 앞으로 내밀며 격한 감정에 휩싸여 말했다. "채프먼 박사님, 내가 어리석었어요. 정말로 어리석었어요."

"왜 그렇게 생각하시죠?" 내가 물었다.

"결혼한 지 17년이나 되었는데 아내가 내 곁을 떠났습니다. 이제야 내가 어리석었다는 것을 깨달았습니다."

나는 처음 했던 질문을 반복해 물었다. "어리석었다는 말이 무슨 뜻입니까?"

"아내는 직장에서 돌아오면 그날 사무실에서 있었던 일들을 내게 이야기하곤 했어요. 나는 그 말을 듣고 어떻게 처신해야 할지 말해 주곤 했지요. 늘 조언을 했어요. 문제에 직면해야 한다고요. '문제가 저절로 사라지지는 않아. 그 일에 관련된 사람이나 상사에게 말해야 해. 그 문제를 해결해야 한다고!'라고요. 다음 날 아내는 퇴근해서 또 똑같은 이야기를 했어요. 나는 전날 그녀에게 가르쳐 준 대로 했는지 물었어요. 그녀는 고개를 저으며 아니라고 했어요. 그래서 같은 충고를 되풀이했어요. 그 문제를 풀 방법은 이 길밖에 없다고요. 다음 날 아내는 또 같은 문제를 내게 말하는 것이었어요. 그래서 또 내가 일러 준 대로 했는지 물었어요. 그랬더니 그녀는 고개를 저으며 아니라고 하는 것이었어요.

그렇게 3, 4일이 지나자 화가 나더군요. 내 충고를 듣지 않을 거라면 위로받을 생각 따위는 하지 말라고 했어요. 그녀는 자청해서 스트레스를 받고 사는 것 같았어요. 내가 말해 준 대로만 하면 문제를 해결할 수 있는데 말이에요. 그러지 않아도 되는데 스트레스를 받고 있는 아내를 보니 속이 상했어요. 그다음 날도 똑같은 문제를 이야기하기에 나는 이렇게 말했어요. '더는 듣고 싶지 않아. 어떻게 해야 할지 이미 얘기했잖아. 내 충고에 귀 기울이지 않으면 나도 더는 당신 말에 귀 기울이지 않겠어.'

그 문제에는 상관하지 않고 내 일에만 집중했어요. 직장에서의 어려움을 말할 때 그녀는 내게 충고를 기대한 것이 아니었음을 이제 깨달았어요. 공감을 원했던 거예요. 내가 들어 주고, 관심을 보이고, 그녀가 받는 스트레스와 상처를 이해해 주길 바란 것이지요. 내가 자기를 사랑하며 늘 곁에 있다는 사실을 알고 싶었던 겁니다. 충고를 원한 게 아니라 이해해 주길 바란 것이지요. 그러나 나는 이해하려고 해본 적이 없어요. 그저 충고하기에 바빴지요. 이제 그녀는 떠났습니다.

왜 그때 그걸 몰랐을까요? 무슨 일이 벌어지고 있는지 그 당시에는 전혀 몰랐어요. 이제야 내가 얼마나 심하게 굴었는지 알게 되었습니다."

패트릭의 아내는 진정한 대화를 원했다. 그녀는 자신이 겪는 고통과 좌절을 이해해 주길 바랐다. 패트릭은 듣기보다는 말하는 데 집중했고, 문제를 파악한 만큼 듣고 해결책만 모색했다. 지지와 이해를 바라는 그녀의 절규를 들을 수 있을 만큼 오래 귀 기울이지 않았던 것이다.

사실 우리는 대부분 패트릭과 비슷하다. 우리는 문제를 분석하고 해결하도록 훈련받아 왔다. 우리는 결혼이 성취해야 할 과제나 해결해야 할 문제가 아니라 '관계'라는 사실을 잊는다. 관계란 상대방의 생각이나 감정, 원하는 것을 이해하려는 입장에서 공감하며 듣는 것을 말한다. 상대방이 요구해 오면 충고는 할 수 있지만 결코 생색내는 투로 해서는 안 된다.

우리는 대부분 듣는 훈련이 잘되어 있지 않다. 생각하는 것이나 말하는 것은 잘한다. 아내의 제1의 사랑의 언어가 함께하는 시간이고 진정한 대화라면 듣는 훈련이 잘되어 있지 않다는 사실을 숨기기 어려울 것이다. 다행히 듣는 기술은 꽤 빨리 습득할 수 있다. 완전히 숙달되는 데는 몇 년이 걸리겠지만 말이다. 듣는 훈련을 위한 몇 가지 실제적인 요령을 요약하면 다음과 같다.

1. **아내가 말할 때는 시선을 그녀에게 고정하라.** 이것은 다른 생각을 하는 것을 막아 주며, 아내가 충분히 관심받고 있음을 알게 한다.

2. **아내의 말을 들으면서 동시에 다른 일을 하지 말라.** 함께하는 시간은 상대방에게 온전히 관심을 집중하는 시간임을 기억하라. 만일 다른 일을 하고 있어서 당장 집중할 수 없다면 아내에게 사정을 말하라. "당신이 내게 말하고 싶어 하는 것 잘 알아. 하지만 지금은 다른 일 때문에 집중할 수 없어. 10분만 시간을 주면 이 일을 마저 끝내고 차분히 앉아서 들을게."라는 식으로 말하면 거의 모든 아내는 이런 요청을 들어줄 것이다.

3. **아내의 감정에 주의를 기울이라.** "아내는 지금 어떤 기분일까?"라고 자문해 본다. 답을 알 것 같으면 확인해 보라. 예를 들면, "내가 _____ 하는 것을 잊어버려서 당신이 실망한 것 같은데?"라고 말할 수 있다. 이렇

게 하면 그녀가 어떤 기분인지 분명하게 하는 기회를 주기 때문이다. 이는 또한 당신이 아내의 말을 열심히 듣고 있었다는 것을 말해 주기도 한다.

4. **보디랭귀지를 관찰하라.** 주먹을 불끈 쥐고, 손을 부들부들 떨면서, 눈물을 흘리고, 인상을 찌푸리고, 눈동자를 움직일 때, 아내가 어떤 기분인지 짐작할 수 있다. 때로 보디랭귀지로 표현하는 것과 입으로 하는 말이 다를 수 있다. 그럴 때는 진정으로 무엇을 생각하고 느끼는지 물어보라.

5. **말을 중간에 끊지 말라.** 아내의 말에 온전히 주의를 집중한다면 그녀가 말하는 동안 당신 자신을 방어하거나, 독단적으로 자기 입장을 고수하거나, 그녀를 비난하지 않을 것이다. 당신의 목표는 아내의 생각과 감정을 알아내는 것이다.

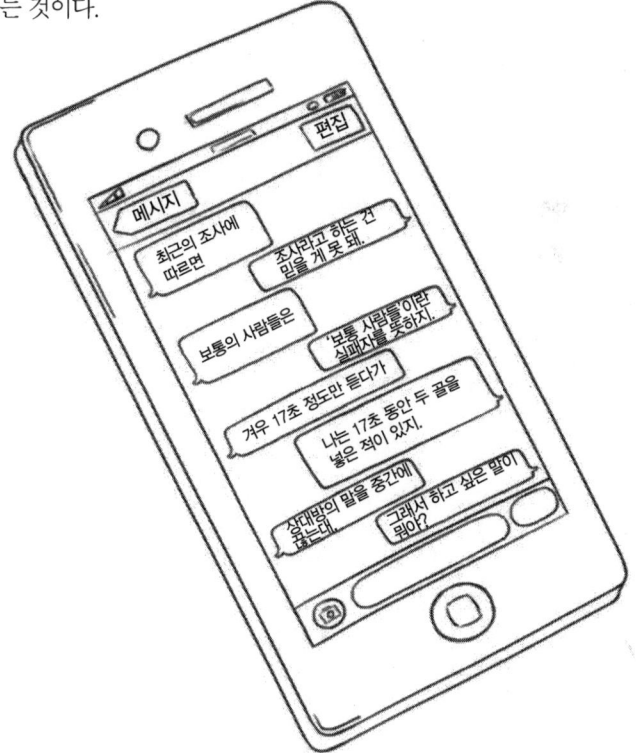

자신을 드러내라

진정한 대화는 공감하는 마음으로 상대방의 말에 귀 기울이는 것뿐 아니라 자기를 표현하는 것도 필요하다. 어떤 아내가 "남편이 말 좀 했으면 좋겠어요. 대체 무슨 생각을 하며 무엇을 느끼는지 도통 알 수가 없다니까요."라고 한다면, 그녀는 친밀한 관계를 원하는 것이다. 그녀는 남편과 가까워지고 싶어 하지만 통 속을 알 수 없는 남편과 어떻게 가까워지겠는가? 그녀가 사랑받는다고 느끼게 하려면 남편이 마음을 보여 주어야 한다. 아내의 제1의 사랑의 언어가 함께하는 시간이고 진정한 대화라면, 남편이 자기 생각과 감정을 말하기 전까지는 그녀의 사랑 탱크가 채워지지 않을 것이다.

테니스 경기를 예를 들어 생각해 보자. 한 사람이 모든 것을 다 한다면 그 사람만 계속해서 서브를 넣고 득점을 하게 될 것이다. 이보다 더 지루한 경기가 어디 있겠는가? 반면에 상대방이 공을 '받아치면' 경기가 가능해진다. 서로 상대방이 쳐 보낸 공을 받아서 자신만의 스핀을 걸어 돌려보내다 보면, 어느새 경기를 만족스럽게 이어 가고 있는 것을 발견하게 된다. 진정한 대화를 하는 것이 테니스공을 받아치는 것만큼이나 쉽다면 얼마나 좋겠는가?

남성은 대부분 자기를 표현하는 것을 매우 힘들어한다. 자기 생각이나 감정을 표현하도록 장려하지 않는 가정에서 자란 사람들도 많다. 장난감을 사달라고 하면 집안 형편이 어렵다는 잔소리를 듣기도 한다. 그 아이는 그런 소원을 가진 데 대해 죄책감을 느끼게 되어 자기 소원을 표현하지 않는 법을 재빨리 터득하게 된다. 분노를 표현했을 때 부모가 엄하게 야단을 치는 수도 있다. 그러면 분노를 표현하는 것이 바르지 않다고 배우게 된다. 아이가 아버지와 함께 가게에 가지 못한 실망을 표현하는 것에 죄책감을 느낀다면, 그 아이는 내면에 그 실망감을 쌓아 두게 된다. 그리하여 성인이 될 때쯤이면 대부분 감정을 감추는 법을 배운다. 그리고 이제 자신의 감정적 자아를 노출하지 않는다.

어떤 아내가 남편에게 물었다. "스티브가 한 일에 대해 어떻게 생각해요?" 그러자 남편은 "잘못했다고 생각해. 그는 그렇게 하지 말았어야 해."라고 대답할 뿐 자신의 감정은 말하지 않았다. 그저 생각만 말한 것이다. 그는 화가 나거나, 마음이 상하거나, 실망스러운 감정을 가질 수도 있다. 하지만 감정을 인정하지 않는 세계에서 너무 오래 살아서 자신의 감정을 알지 못한다. 당신도 이 남편과 같다면 진정한 대화라는 언어를 배우는 것이 마치 외국어를 배우는 것처럼 어렵게 느껴질 것이다. 이제껏 감정을 부인했다 하더라도 자신도 감정을 지닌 존재라는 사실을 깨닫는 것이 자신의 감정과 접촉하는 첫 단계가 될 것이다.

자신의 감정을 알려면 우선 당신이 집 밖에 있을 때 어떤 감정을 느끼는지 기록해 보라. 조그만 수첩을 가지고 다니도록 하라. 하루에 3번씩 "지난 3시간 동안 내가 어떤 감정을 느꼈지? 출근길에 뒤차가 내 차를 바짝 따라왔을 때 어떤 기분이었지? 주유소에 갔을 때 자동 펌프 장치가 닫히지 않아 차 옆면이 온통 기름 범벅이 되었을 때 무슨 생각을 했지? 사무실에 도착해서 마감 기한이 앞으로 2주일이나 남았다고 생각했던 일을 3일 안에 끝내라고 했을 때 무엇을 느꼈지?"라고 자문해 보라. 수첩에 당신의 감정을 기록하되 그런 감정을 일으킨 사건을 기억하기 위해 한두 마디를 써넣으라. 그 목록은 아마 다음과 같을 것이다.

사건	감정
뒤차가 바짝 따라옴	화가 남
주유소	매우 불쾌함
3일 안에 끝내야 할 일	좌절되고 걱정됨

하루에 3번씩 이런 연습을 하면 자신의 감정을 잘 알게 될 것이다. 수첩을 이용하여 당신의 감정과 사건을 아내에게 간략하게 전하라. 몇 주 되지 않아 당신은 아내에게 감정을 편안하게 표현할 수 있게 될 것이다. 그리하여 당신은 아내와 함께 자녀 문제나 집안에서 일어나는 일에 대해서도 자신의 감정을 편안한 마음으로 이야기할 수 있을 것이

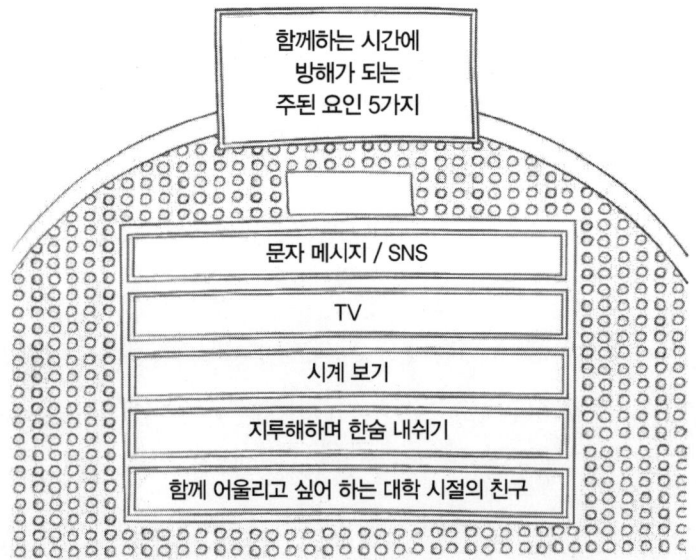

함께하는 시간에
방해가 되는
주된 요인 5가지

문자 메시지 / SNS

TV

시계 보기

지루해하며 한숨 내쉬기

함께 어울리고 싶어 하는 대학 시절의 친구

다. 감정 그 자체는 좋거나 나쁜 것이 아니라는 사실을 기억하라. 그것은 그저 일상에서 일어나는 사건들에 대한 심리적 반응일 뿐이다.

함께하는 활동

함께하는 시간이라는 사랑의 언어에는 '함께하는 활동'이라는 방법이 있다. 나는 최근에 있었던 결혼 생활 세미나에서 부부들에게 다음 문장을 완성하도록 했다.

"나는 남편/아내가 _____할 때 가장 사랑받는다고 느낀다."

결혼한 지 8년 된 29세 남자가 이렇게 대답했다.

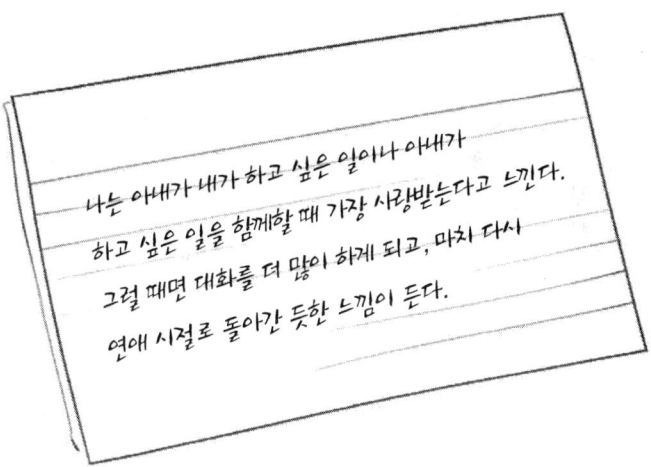

나는 아내가 내가 하고 싶은 일이나 아내가 하고 싶은 일을 함께할 때 가장 사랑받는다고 느낀다. 그럴 때면 대화를 더 많이 하게 되고, 마치 다시 연애 시절로 돌아간 듯한 느낌이 든다.

제1의 사랑의 언어를 함께하는 시간이라고 말한 사람들은 거의 이렇게 대답한다. 중요한 것은 함께 있고 함께 무언가를 하면서 서로에게 완전히 집중하는 것이다.

함께하는 활동에는 부부 중 한 사람 혹은 두 사람 다 관심 있어 하는 것이 활동에 포함된다. 무엇을 하느냐가 아니라 왜 하느냐가 중요하다. 함께하는 활동의 목적은 함께 무언가를 경험하고, 아내가 '그가 나를 배려한다. 그는 내가 좋아하는 것은 무엇이든 기꺼이 하려고 하지.'라고 느끼게 하기 위한 것이다. 이것이 사랑이며, 어떤 사람에게는 사랑을 가장 큰 소리로 전한다.

정원을 가꾼다거나, 유적지를 방문한다거나, 콘서트를 보러 간다거나, 달리기 연습을 한다거나, 다른 부부를 초대해서 같이 피자를 먹고 게임을 하는 것 등은 모두 함께하는 활동에 포함될 수 있다. 이 밖에도 당신의 관심과 의지에 따라 얼마든지 새로운 활동을 첨가할 수 있다. 함께하는 활동의 필수 요소는 다음과 같다.

1. 적어도 둘 중 하나는 그 활동을 원해야 한다.
2. 상대방도 기꺼이 그것을 하려고 해야 한다.
3. 둘 다 왜 그것을 하는지 이유(함께함으로써 사랑을 표현하려는 것)를 알아야 한다.

함께하는 활동으로 얻게 되는 유익 중의 하나는 그 활동들이 훗날 되돌아보며 미소 지을 수 있는 추억거리를 제공해 준다는 것이다. 이른 아침 해변을 산책했던 일, 따뜻한 봄날 꽃밭을 만들었던 일, 토끼를 쫓으려고 수풀 속에서 헤매다 풀독이 올랐던 일, 밤에 야구 경기를 관람했던 일, 스키를 타다가 다리를 다쳐서 숙소에 누워 있었던 일, 놀이

공원, 콘서트, 대성당, 2마일이나 걸어서 웅장한 폭포 밑에 섰던 순간 등 이 모든 일을 회상할 수 있다면 얼마나 좋겠는가? 이것이 사랑의 추억이다. 특히 제1의 사랑의 언어가 함께하는 시간인 사람에게는 더욱 중요하다.

그러면 이런 활동을 할 시간을 어떻게 낸단 말인가? 맞벌이 부부라면 더 힘들지 않을까? 그렇다고 해도 점심이나 저녁 식사 시간을 내듯 시간을 만들어야 한다. 건강을 유지하는 데 음식이 필요하듯 결혼 생활을 해나가는 데는 이런 활동이 필요하기 때문이다.

그렇게 하는 것이 어려운가? 또한, 신중하게 계획을 세워야 하는가? 그렇다.

그것은 개인의 어떤 활동을 포기해야 하는 것을 의미하는가? 그럴 수도 있다.

당신이 썩 좋아하지는 않는 것도 해야 하는 것을 의미하는가? 물론 이다.

그럴 만한 가치가 있는 일인가? 의심할 여지없이 그렇다.

당신에게 유익이 되는 것은 무엇인가? 사랑받는다고 느끼는 아내와 함께 사는 기쁨이며, 아내의 사랑의 언어를 유창하게 구사하는 것을 배웠다는 것이다.

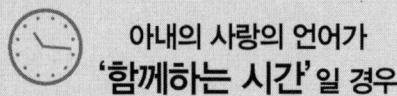

아내의 사랑의 언어가
'함께하는 시간'일 경우

'함께하는 시간'이라는 사랑의 언어를 배운 것을 축하한다. 하루 만에 새로운 의사소통법을 완전히 익힐 수 있는 사람은 없을 것이다. 이 언어를 사용할 때 적절한 아이디어가 떠오르지 않는다면, 아래에 제시한 아이디어를 참고하라.

1. 아내가 종달새형이든 올빼미형이든 그녀의 성향을 존중하라. **아내의 일정에 맞춰 함께하는 시간을 계획하라.** 알람을 더 일찍 맞춰 놓든지, 밤늦게까지 깨어 있도록 커피를 마시든지 하라. 아내가 당신과 함께한다고 느끼게 하려면 어떤 활동을 해도 좋다.

2. **좋아하는 일을 포기하고서라도 함께하는 시간을 가지라.** 토요일 오전에 있는 골프 시합을 포기하거나, 한 시즌 동안 교회 농구 시합에 참가하지 않거나, 꼭 참석하지 않아도 되는 모임에는 빠지라. 아내는 당신이 이 모든 것을 포기할 만큼 자신을 소중히 여긴다는 메시지를 전달받을 것이다.

3. **'부부로서 함께해 온 시간 중 가장 행복했던 10가지 순간'을 각자 적어 보라.** 다 쓰고 나면 두 사람이 작성한 목록을 비교하며 중복되는 내용이 몇 개나 되는지 세어 보라.

4. 많은 남성이 주의 집중을 하지 않는 습관을 버려야 한다. **한 가지 일에 완전히 집중하는 것이 어렵다면** 자녀들이 하는 이야기에 귀 기울이거나, 주일 설교를 처음부터 끝까지 주의 깊게 듣거나, 음악을 **들으면서 집중하는 연습을 하라.**

5. 다른 부부보다 함께 있는 시간이 많은 부부가 있다. 당신 부부가 그렇다면 그 모든 시간을 함께하는 시간이라고 여기지 말고, **구체적인 시간과 장소를 정해서 함께하는 시간을 가지라.**

6. 아내가 항상 시간에 쫓기는 사람이라면 **시간이 오래 걸리는 일 한두 가지를 종종 거들어 주라.** 공과금을 내고, 장을 보고, 아이들을 재우라. 그리고 시간을 내어 그녀와 함께하는 시간을 가지라.

7. **아내가 좋아하는 일에 보탬이 되면서도 당신 또한 흥미를 느낄 만한 활동을 찾아보라.** 그런 활동을 하면서 아내와 더 많은 시간을 함께할 수 있을 것이다. 아내는 체육관에 가는 것을 좋아하는데 당신은 컴퓨터 게임을 좋아한다면, 당신 부부가 함께하는 시간은 많지 않을 것이다. 그러나 당신이 아내를 따라 체육관에 가거나 그녀와 함께할 수 있는 새로운 일(야외 활동이나 요리 등)을 하려고 한다면, 두 사람의 관계가 발전될 것이다.

8. 결혼 생활 중기로 접어들었다면, 부부 각자의 시간뿐 아니라 대화 시간 대부분이 거의 일상생활에 초점이 맞춰져 있을 것이다. "애완견을 언제 동물 병원에 데리고 갈까?", "유리창 세정제가 어디 있지?", "새 음식물 처리기를 설치하려면 비용이 얼마나 들까?"라는 식으로 말이다. **일상에 치여 함께하는 시간이 부족하지는 않은지 아내와 대화를 나누며 점검해 보라.**

9. 아내가 특히 좋아할 만한 **영화를 골라 티켓을 예매해 그녀를 깜짝 놀래 주라.** 영화가 끝나면 근처 식당에서 식사를 하며 영화가 어땠는지 아내의 평을 들으라.

10. 아내와 늘 함께 기도하는 습관이 있다면 그 시간을 조금 더 늘려 함께하는 시간을 가지라. **하나님과 함께하는 시간을 보내면서 아내와도 함께하는 시간을 보내게 되는 것이다.**

11. 시간적 여유가 있다면 '눈 오는 날'이나 '여름휴가'를 즐길 기회를 찾으라. **계획했던 일은 잠시 잊고 즉흥적으로 무언가를 해보라.**

12. **책을 선정해서 아내와 함께 읽으라.** 한 번에 얼마만큼 읽을지 분량을 정하여 각자 읽어 온 다음, 함께하는 시간에 그 내용에 대해 토론하라. 아니면 서로에게 소리 내어 책을 읽어 주라.

13. 차를 타고 가다 보면 자연스럽게 대화를 나누게 되니 될 수 있으면 **멀리 드라이브를 나가도록 하라.** 차로 두세 시간 거리에 있는 식당에 가서 식사를 하고 돌아오면 오고 가는 동안 많은 대화를 나눌 수 있다.

14. 할 말이 없다면 **함께 침묵을 즐기는 법을 배우라.** 알람을 맞춰 놓고 정해진 시간까지 침묵하기로 하라. 저녁노을을 감상하거나 숲길을 산책하는 동안 아무 말도 하지 않기로 해보아도 좋다.

15. 어차피 집안일을 도울 거라면 그 시간을 함께하는 시간으로 활용하는 것은 어떤가? 쓸고 닦고 물건을 치우는 등 **집 안 청소를 하면서 대화를 나누라.**

04 THE FIVE LOVE LANGUAGES FOR MEN
사랑의 언어 #3 선물

에릭은 켈시와 친구처럼 지낸 지 1년이 다 되어서야 그녀에게서 데이트 승낙을 받아 냈다. 두 사람 다 야구를 무척 좋아해서 에릭은 첫 데이트 때 켈시를 데리고 마이너리그팀인 인디애나폴리스 인디언스의 경기를 보러 갔다. 인디언스의 홈구장은 관람석이 비탈진 잔디밭으로 되어 있었다. 둘은 좌측 담장 바로 뒤에서 도시락을 먹고 있었는데, 때마침 인디언스의 일루수가 던진 공이 그들이 있는 쪽으로 날아왔다. 에릭은 펄쩍 뛰어올라 공을 잡았다. 생전 처음 잡아 본 홈런볼이었다.

이틀 후 켈시는 기숙사 방문 밖에 포장지에 싸인 선물 꾸러미가 놓여 있는 것을 발견했다. 포장지를 뜯으니 플라스틱 상자 안에 야구공이 들어 있었다. 상자 안쪽에는 경기를 보러 갔던 날의 입장권이 붙어 있었고, 야구공에는 그날 날짜와 다음과 같은 문구가 적혀 있었다.

처음 잡은 홈런볼

그날 내게 일어난 두 번째로 좋은 일

2년 뒤 에릭과 켈시는 결혼했다. 처음 데이트를 했던 날로부터 15년이 지난 지금도 그 야구공은 플라스틱 상자에 담긴 채 켈시의 침실 서랍장 위에 놓여 있다. 최근 한 친구가 만약 집에 불이 나면 어떤 물건을 가장 먼저 들고 나올 것인지 묻자 켈시는 이렇게 대답했다.

"에릭이 선물한 야구공 먼저 들고 나올 거야."

그 야구공은 벼룩시장에 내다 팔면 기껏해야 1달러에서 1달러 50센트 정도 받을 수 있을 것이다. 그러나 켈시는 그 돈의 천배를 더 준다고 해도 절대 팔지 않을 것이다.

이처럼 세심하게 준비한 선물이 얼마나 강력한 힘을 지니는지 주목하라.

수레와 말

만약 켈시의 제1의 사랑의 언어가 인정하는 말이나 함께하는 시간, 봉사, 혹은 스킨십이었다면, 그녀는 에릭이 준 선물을 크게 반기지 않았을 것이다. 아마 야구공을 빤히 쳐다보면서 내키지는 않지만 마지못해 고맙다고 말했을 것이다. 그러나 에릭은 선물에 운을 걸었고, 결국 켈시의 마음을 얻는 데 성공했다.

켈시는 에릭이 홈런볼을 그녀에게 양보하고 진심이 담긴 카드를 써 보낸 데 감격했다. 그들이 처음 데이트한 날을 기념하고, 그날의 기념품인 야구공을 잘 보이면서도 흠집이 생기지 않게 하려고 플라스틱 상자에 넣어 포장한 것에도 감격했다. 이 모든 게 그녀를 위해 한 일이었기 때문이다.

에릭은 연애 초기부터 켈시의 사랑의 언어를 구사할 수 있었다. 그리하여 켈시는 자신이 원하던 바로 그 사람이 에릭일지도 모른다고 생각하게 되었다. 결국 그 생각대로 되었다.

그러나 모든 사람이 에릭처럼 상대방의 사랑의 언어를 빨리 알 수 있는 것은 아니다. 에릭처럼 다 그 언어를 유창하게 구사하고 싶어 하는 것도 아니다.

선물은 5가지 사랑의 언어 중 가장 의아하게 생각되는 사랑의 언어다. 어떤 사람들은 사랑과 선물을 연관시킬 때 물질 만능주의나 배금주의 또는 그보다 더 부정적인 의미를 떠올리곤 한다. 그래서 처음부터 무엇이 수레(선물)이고 무엇이 말(사랑)인지 분명히 해두어야 한다.

사랑은 남편으로 하여금 아내의 제1의 사랑의 언어를 배우게 한다. 남편의 목표는 아내가 이해하고 좋아하는 방법으로 사랑을 나타내는 것이다. 두 사람 사이에는 이미 사랑이 존재한다. 남편은 애정을 얻으려고 아내에게 값비싼 선물을 하는 것이 아니다. 그녀가 사랑을 가장 잘 느낄 만한 방법으로 자신의 마음을 표현하려는 것이다.

선물이 제1의 사랑의 언어인 사람이 반드시 물질 만능주의자인 것은 아니다. **아내는 값비싼 물건을 수집하고 싶은 것이 아니라 그저 남편의 사랑을 느끼게 해주는 물건을 받고 싶을 뿐이다.** 선물의 가격이나 가치는 그리 중요하지 않다. 중요한 것은 선물을 준 사람의 마음이다.

구체적인 표현

선물과 사랑은 사람들이 대부분 알고 있는 것보다 훨씬 더 깊은 연관성이 있다. 꽃을 꺾어 어머니에게 선물해 본 적이 있는가? 캠프나 주일학교, 미술 학원에서 만든 장식품을 부모님에게 선물해 보았는가?

우리는 선물을 주고자 하는 본능을 가지고 있다. 선물이라는 사랑의 언어를 유창하게 구사하려면 이 자연스러운 욕구를 잘 가꾸어 나가는 것이 가장 중요하다.

어렸을 때 부모님을 기쁘게 해드렸던 선물이 무엇인가? 선물이 제1의 사랑의 언어인 사람들은 마음속에 이 같은 생각이 강하게 작용한다. 선물이란 그것을 손에 들고 "자, 이것 좀 봐. 그가 나를 생각하고 있어."라고 말할 수 있는 것이다. 여기서 중요한 사실을 알 수 있다. **선물을 줄 때 우리는 반드시 그 사람을 생각해야 한다. 선물 자체가 그 생각을 상징하기 때문이다.** 값이 얼마나 되느냐는 상관없다. 중요한 것은 당신이 아내를 생각하고 있다는 사실이다. 시간을 내어 그녀를 기쁘게 해줄 수 있는 선물이 무엇일지 생각하고 준비하는 과정에서 그것이 드러난다.

선물에 무언가를 더하고 싶은가? 그렇다면 선물에 이야기를 입히라. 같은 곰 인형이라고 해도 배에 단순히 "I♡West Virginia."라고 쓰여 있는 것과 아내의 증조모가 살던 집 근처에서 사 온 것은 전혀 다른 의미를 지닌다.

물론 모든 이야기가 다 그렇게 극적이어야 하는 것은 아니다. 대단한 노력이 필요한 것도 아니다. "당신이 새로운 음식을 만들어 보고 싶다고 해서 요리책을 사 왔어.", "최근에 당신이 흥얼거리던 노래들을 녹음하고 그 목록을 만들어 봤어."라고만 해도 충분하다.

이야기가 담긴 선물은 아내를 생각할 때 당신의 마음이 어떻게 작용하는지 그 통찰을 아내에게 제공해 줄 것이다.

선물은 사랑을 나타내는 시각적 상징이다. 그러나 선물이 사랑의 언어가 아닌 사람들은 그 중요성을 잘 이해하지 못한다. 사랑의 언어가 선물인 사람과 그렇지 않은 사람은 어떤 차이가 있을까? 사랑을 나타내는 가장 일반적인 상징, 곧 결혼반지에 대한 태도를 보면 그 차이를 알 수 있다.

결혼식에는 대부분 반지를 교환하는 순서가 있다. 주례자는 결혼식에서 "이 반지는 두 사람을 영원한 사랑으로 묶어 줍니다. 내적이고 영적인 결합을 나타내는, 눈으로 볼 수 있는 증표입니다."라고 말한다. 의미 없이 그저 하는 말이 아니다. 이 말은 결혼을 나타내는 시각적 상징을 강력한 것으로 만들어 준다. 특히 선물이 사랑의 언어인 사람에게는 더 강하게 와 닿을 것이다.

결혼 후 반지를 빼지 않는 사람이 있는 것도 그 이유 때문이다. 아내의 제1의 사랑의 언어가 선물이고 당신은 그렇지 않다면, 아내는 당신보다 반지를 더 자주 끼고 반지에 대해 더 많이 생각할 것이다. 그녀는 반지에 굉장한 의미를 부여하고 자랑하면서 끼고 다닐 것이다. 당신이 변치 않는 사랑의 증표로 그녀에게 준 것이기 때문이다. 그녀는 당신이 준 다른 선물들에도 감동했을 것이다. 그녀는 그것을 사랑의 표현으로 받아들인다.

이 모든 것의 의미

여기서 한 걸음 더 나아가 보자. **눈으로 볼 수 있는 상징으로서 선물이 없다면 아내는 당신의 사랑을 의심할 것이다.**

이 말에 머릿속에서 경고등이 켜지는 사람도 있을 것이다. 그러므로 앞서 지적한 내용을 다시 한 번 언급하고자 한다. 일반적으로 선물이 주는 효과는 가격이나 가치와는 아무 상관이 없다.

선물은 크기, 색상, 모양이 다양하다. 어떤 것은 비싸지만 어떤 것은 공짜로 얻은 것일 수 있다. 선물이 사랑의 언어인 **아내에게는 당신이 지불할 수 있는 한도를 벗어나지 않는다면 가격은 별로 문제되지 않는다.**

당신이 골프장에서 살다시피 하고 해마다 차를 바꾸면서 아내에게는 매일 1달러짜리 선물을 준다면, 그것이 진정한 사랑의 표현인지 의심할 것이다. 반면에 가정 형편이 좋지는 않아도 정성스럽게 고른 1달러짜리 선물은 백만 달러의 값어치를 지닐 것이다.

선물은 사거나 찾거나 만들 수 있다. 당신이 조깅하다가 길에서 예쁜 깃털을 주워 아내에게 가져다준다면 아내는 그것을 사랑의 표현으로 받아들일 것이다. 5달러짜리 카드라도 당신의 감정을 잘 전달해 준다면 좋은 선물이 될 수 있다. 카드를 살 형편도 안 된다면 하나 만들면 된다. 손수 만든 카드 한 장도 훌륭한 선물이다. 어떤가? 정말 간단하지 않은가?

저축하는 사람과 소비하는 사람

모두가 선물을 사랑을 전하는 의미 있는 방법이라고 생각하지는 않는다. 어떤 사람은 경제관념 때문에 선물하기를 주저한다.

돈의 목적에 대해 각기 다른 견해를 갖고 있기에 돈을 쓰는 데도 다양한 감정을 가질 수 있다. 어떤 사람은 소비하는 성향을 가지고 있다. 필요하거나 원하는 물건을 사며 돈을 쓸 때 기분이 좋다. 하지만 어떤 사람은 돈을 절약해 저축하는 성향을 가지고 있다. 돈을 허투루 쓰지 않고 현명하게 투자하여 그 효용 가치를 높일 때 뿌듯함을 느낀다.

당신이 소비하는 성향이라면 아내를 위해 선물을 사는 데 별 어려움은 없을 것이다. 저축하는 성향이라면 선물을 사는 것에 지적, 정서적으로 큰 저항을 느낄 것이다. 자신을 위해 물건을 사지 않는데 왜 아내를 위해 무엇을 사야 한단 말인가?

이 같은 생각은 매우 합리적인 듯하여 얼마나 잘못된 것인지 알아차리기 어렵다. 사실 **당신이 절약가라면 어떤 의미에서 당신은 자신을 위해 무엇인가를 사고 있는 것이다. 돈을 손에 쥐고 있으면서 당신의 자아의 가치와 감정의 안정감을 사는 것과 같다.** 자신의 감정적 욕구를 다스리는 데 자산을 사용하고 있는 것이다.

그러나 당신이 지금 취하는 행동은 아내의 감정적 욕구를 충족시키지 못한다. 아내의 제1의 사랑의 언어가 선물이라면, 당신은 아내를 위해 선물을 사는 것이 가장 좋은 투자라는 사실을 이해해야 한다. 아내와의 관계에 투자하여 그녀의 사랑 탱크를 채우라. 그 탱크가 가득 차면 아내는 당신이 이해하는 사랑의 언어로 보답할 것이다. 이런 것을 바로 상생이라고 하는 것이다.

부부의 감정적 욕구가 충족되면 그 결혼 생활은 전혀 새로운 국면으로 접어들 것이다. 사랑하는 아내에게 투자하는 것은 바로 우량 주식에 투자하는 것과 같다.

완벽한 선물

아내에게 보석을 선물하라는 식의 뻔한 제안은 하지 않겠다. 보석보다는 작은 장식이 달린 팔찌나 목걸이 등을 선물하는 것은 어떨까?

팔찌와 목걸이 자체는 가격이 좀 나가겠지만 초기 투자 비용쯤으로 생각하라. 대신 팔찌나 목걸이에 다는 작은 장식은 비교적 저렴하고 종류도 다양하니 계속해서 새로운 것을 선물할 수 있다.

예를 들어, 마이애미로 여행을 다녀왔다면 플로리다 주의 풍경이 담긴 장식을 사서 선물할 수 있다. 교회에서 주최하는 소프트볼 경기에 참가했다면 배트와 공이 그려져 있는 장식을 사서 선물할 수도 있다.

시간이 지나면 작은 장식이 달린 이 팔찌와 목걸이가 두 사람 사이의 추억을 떠올리게 하며 아내를 무척 기쁘게 해줄 것이다.

당신 자신을 선물하라

때로는 눈에 보이지 않는 선물이 손에 쥘 수 있는 선물보다 더 큰 기쁨을 줄 수 있다. 나는 그것을 '자아의 선물' 혹은 '존재의 선물'이라고 부른다. 배우자가 당신을 필요로 할 때 함께 있는 것이, 제1의 사랑의 언어가 선물인 사람에게는 큰 소리로 사랑의 언어를 구사하는 것일 수 있다.

언젠가 소냐가 내게 "남편은 나보다 소프트볼을 더 사랑해요."라고 했다.

"왜 그렇게 말씀하시죠?" 내가 물었다.

"우리 아기가 태어난 날 그는 소프트볼을 했어요. 그가 소프트볼을 하는 동안 나는 오후 내내 병원 침대에 혼자 누워 있었죠."

"아기가 태어났을 때는 남편이 옆에 있었나요?"

"아기가 태어날 때만 있었고 10분 후 소프트볼을 하러 다시 갔어요. 정말 끔찍했어요. 우리 인생에서 매우 중요한 순간이기에 남편과 함께 있고 싶었어요. 토니가 내 옆에 있어 주길 원했죠."

그 아이는 이제 15살이 되었지만 그때 일을 그녀는 마치 어제 일처럼 감정을 섞어 이야기했다.

나는 좀 더 자세한 이야기를 들어 보려고 물었다. "단 한 번의 경험으로 그가 당신보다 소프트볼을 더 사랑한다고 생각하게 된 건가요?"

"아니요. 그는 내 어머니 장례식 때도 소프트볼을 했거든요."

"그가 장례식에는 갔었나요?"

"네, 가긴 했지만 장례식이 끝나자마자 곧 소프트볼을 하러 갔어요. 정말 믿을 수 없었어요. 내 형제들은 나와 함께 우리 집으로 왔는데 그는 소프트볼을 하러 갔어요."

나는 나중에 토니에게 이 두 사건에 대해 물어보았다. 그는 내가 무슨 말을 하는지 정확하게 알고 있었다.

"소냐가 그런 식으로 말할 줄 알았어요. 진통이 있을 때와 아기가 태어나는 순간 나는 거기에 있었어요. 사진도 찍었고 정말 행복했답니다. 그 기쁜 소식을 빨리 소프트볼팀 친구들에게 알리고 싶은 마음에 기다릴 수 없었어요. 그런데 내가 그날 저녁 병원에 돌아왔을 때는 이미 사건이 터지고 난 후였어요. 그녀가 몹시 화가 나 있었거든요. 그녀가 말하는 것을 나는 믿을 수 없었어요. 그녀도 팀원들에게 아기가 태어난 사실을 알리는 것을 좋아할 줄 알았거든요.

그리고 장모님이 돌아가셨을 때는요, 그녀가 박사님에게 말하지 않은 것 같은데 사실은 장모님이 돌아가시기 전에 일주일간 휴가를 내서 병원에 함께 있었고, 또한 장모님 댁에서 도와드렸어요. 장모님이 돌아가시고 장례식도 끝나자 내가 할 수 있는 일은 다 했다고 생각했어요. 나도 좀 쉴 필요가 있었지요. 소프트볼을 하면 피로와 스트레스가 풀릴 것이라 생각했어요. 그녀도 내가 좀 쉬기를 원한다고 생각했죠.

나는 중요한 것을 다 했다고 생각했으나 그녀에게는 충분하지 못했나 봐요. 그녀는 그 이틀간의 일을 잊어버리지 않고 지금까지 나에게 상기시키곤 해요. 내가 그녀보다 소프트볼을 더 사랑한다고 말하죠. 정말 말도 안 되는 생각이에요."

그는 성실한 남편이기는 하나 함께 있어 주는 것이 얼마나 큰 힘이 되는지 알지 못했다. 그가 함께해 주는 것이 그 어떤 것보다 그녀에게는 중요했다. **아내의 제1의 사랑의 언어가 선물이라면, 위기의 순간에 옆에 있어 주는 것은 당신이 줄 수 있는 가장 훌륭한 선물이 된다.** 당신의 몸이 당신의 사랑을 나타내는 상징이 된다. 그 상징을 제거하면 사랑의 감정도 사라져 버린다.

토니와 소냐는 상담을 하는 동안 과거의 상처와 오해를 돌아보게 되었다. 결국 소냐는 토니를 용서하게 되었고, 토니는 자신의 존재가 그녀에게 왜 그렇게 중요한지를 깨닫게 되었다.

아내가 나타내는 언어적 힌트와 비언어적 힌트를 파악하는 것만으로도 무수한 상처와 분노를 피할 수 있다. 아내가 "오늘 밤, 내일 혹은 오늘 오후에 당신이 나와 함께 있으면 좋겠어요."라고 말하면 그 요구를 진지하게 받아들이라. 당신이 생각하기에 그것이 별일 아닌 것처럼 보일 수도 있지만, 사실은 그렇지가 않다. 그 요구에 진지하게 반응하지 않으면 당신은 결국 당신의 의도와 전혀 다른 메시지를 전달하게 된다. 두고두고 후회할 메시지를 말이다.

말로 표현하라

당신의 제1의 사랑의 언어가 선물이고 당신에게는 아내가 옆에 있어 주는 것이 중요하다면, 당신이 해야 할 가장 우선적인 일은 당신의 감정을 말로 표현하는 것이다. 아내로 하여금 당신에게 중요한 것이 무엇인지 추측하게 하지 말고 당신이 직접 말해 주라. 아내에게 당신의 사랑의 언어를 유창하게 구사할 기회를 주라.

사랑의 중심에는 베풀고자 하는 정신이 있다. 5가지 사랑의 언어는 모두 배우자에게 주라고 하지만, 어떤 사람에게는 눈에 보이는 사랑인 선물을 받는 것이 가장 크게 사랑을 전할 수 있다.

지금 시작하라

어떤 남편이 아내에게 선물을 해야 한다는 것은 알지만, 선물을 해본 경험이 거의 없다고 하자. 어쩌면 그는 선물을 주고받는 일이 거의 없는 가난한 집안에서 자랐을지도 모른다. 그는 자신을 위해서나 다른 누군가를 위해서 무언가를 사본 적이 별로 없을 것이다. 그의 사랑의 언어는 선물이라는 사랑의 언어와는 180도 다른 것일 수 있다.

이런 사람이 자신에게는 너무나 낯선 사랑의 언어를 유창하게 구사하려면 어떻게 해야 할까?

우선 아내가 매우 마음에 들어 했던 선물을 목록으로 적어 보는 것이다. 그가 아내에게 주었던 선물이나 다른 가족 또는 친구가 아내에게 주었던 선물 모두 괜찮다. 선물 목록을 만들면 아내가 좋아할 만한 선물이 무엇일지 아이디어를 얻을 수 있을 것이다. 이 목록을 잘 보이는 곳에 붙여 두고 새로운 아이디어가 떠오르면 그때그때 추가하라. 선물을 사러 갈 때 분명 도움이 될 것이다.

선물을 고르는 안목이 없어서 걱정이라면, 아내가 무엇을 좋아하는지 잘 아는 다른 가족에게 도움을 청하라.

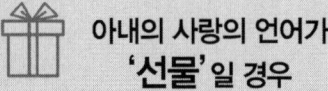

아내의 사랑의 언어가
'선물'일 경우

하루 만에 '선물'이라는 사랑의 언어를 완전히 익힐 수 있는 사람은 없을 것이다. 선물에 관한 아이디어가 급하게 필요할 때는 아래에 제시한 방법을 실천해 보라.

1. 크리스마스에는 **12일간 선물을 주는** 관습이 있다. 이런 관습을 결혼기념일이나 아내의 생일, 그 밖의 특별한 날에도 적용해 보면 어떨까?

2. 사진은 비용이 많이 들지 않으면서도 시간이 지날수록 더 소중한 가치를 지닌다. 자녀들의 성장 과정을 담은 사진이라든가 애완견의 모습, 정원의 사계를 찍은 사진들을 모아 두었다가 **앨범을 만들어 아내에게 선물**하면 더욱 특별한 선물이 될 것이다.

3. **오래 사용하거나 감상할 수 있는 선물**을 생각해 보라. 예를 들어, 십자수 재료라든가 꽃씨 같은 선물은 아내에게 오래도록 기쁨을 줄 것이다.

4. **아내에게 하루를 선물하라.** 그녀가 특별히 바쁘지 않은 날, 하루 휴가를 내서 그녀가 하고 싶어 하는 것을 다 할 수 있게 해주라. 아니면 그녀에게 하루 휴가를 주라.

5. **특별한 날이 아니어도 가끔 선물을 하여 아내를 기쁘게 해주라.** 길거리에서 파는 꽃도 좋고, 그녀가 좋아하는 아이스크림도 좋다. 아니면 동네 가게에서 파는 과일이나 공예품도 좋다. 단, 반드시 그녀가 좋아하는 것이어야 한다.

6. 아내가 **선물 가게나 가정용품 판매장**에 들르는 것을 좋아하면 불평하거나 피곤해하지 말고 그녀가 천천히 매장 안을 둘러볼 수 있게 해주라.

7. 아내가 좋아하는 TV 게임 쇼나 리얼리티 프로그램이 있다면, 그런 프로그램에 나오는 활동을 체험해 볼 수 있게 해주라. 예를 들어, 아내가 홈 인테리어 프로그램을 좋아한다면 경비를 지원해 주고, 도움을 줄 수 있는 사람도 불러 **방 하나를 직접 꾸며 볼 수 있게** 해주는 것이다.

8. 미술에 소질이 있다면 목탄이나 수채화 물감, 유화 물감, 점토, 그 밖의 다른 도구를 사용하여 **아내의 얼굴을 그림으로 그리거나 조각상으로 만들어 보라.**

9. 아내의 생일이나 결혼기념일 등 특별한 날을 앞두고 있다면, 한동안 소식이 뜸했던 아내의 친구들에게 연락하여 **소박하면서도 마음이 담긴 선물**(시를 적은 편지, 책꽂이, 기도문 등)을 보내 달라고 부탁하라. 이를 비밀로 해두었다가 그 특별한 날이 되면 선물을 공개하라.

10. 아내가 좋아하는 **회사의 주식을 사서** 일정 기간 주가 변동 추이를 지켜보게 하라.

11. 아내에게 세차나 심부름 같은 **서비스를 이용할 수 있는 쿠폰**을 만들어 주라. 그녀가 요청할 때마다 신속하고 기분 좋게 서비스를 제공하라.

12. 주머니 사정이 여의치 않을 때는 **상징적인 선물을 하라.** 예를 들어, 경제적 여유가 생기면 함께 무슨 일을 할지 마음껏 상상의 나래를 펴게 해주라. 혹은 지난 여름휴가 때 찍은 비디오를 보며 집 안에서 편안하게 특별한 순간을 돌아보게 해주라.

13. 아내가 몹시 힘들어할 때(아픈 친구를 방문하거나, 노모를 돌보거나, 직장에서 스트레스를 받을 때 등) 그녀 곁에 있어 주며 **당신 자신을 선물하라.**

14. 아내가 출장을 가거나, 교회 수련회에 참석하거나, 친한 친구와 주말여행을 갈 예정이라면 아내의 **짐 가방에 선물을 숨겨 놓으라.** 혹은 아내가 묵고 있는 호텔 방으로 선물을 배달시키라.

15. 당신이 앞으로 어떤 선물을 줄지 알쏭달쏭 헷갈리게 하며 선물에 대해 **기대감을 더 많이 갖게 하라.** 예를 들어, 조각 퍼즐을 다 맞추고 나면 선물 사진이 드러나는 이벤트를 해보아도 좋다.

05 THE FIVE LOVE LANGUAGES FOR MEN
사랑의 언어 #4 봉사

안드레는 욕실 거울에 비친 자신의 모습을 힐끗 보고는 고개를 저었다. '이게 무슨 꼴이람!' 그는 고무장갑을 낀 채 변기 앞에 쪼그리고 앉아 있었다. 한 손에는 욕실 세정제를, 다른 한 손에는 솔을 들고서 말이다. 럭비팀 친구들이 그의 이런 모습을 보면 뭐라고 할까? 아니, 그의 아버지는 뭐라고 하실까?

안드레의 아버지는 가정에서 여자들이 할 일과 남자들이 할 일이 따로 있다고 굳게 믿는 분이었다. 여름에 잔디를 깎고, 겨울에 눈을 치우고, 고장 난 물건을 수리하는 것은 남편이 해야 할 일이고, 그 밖의 모든 일은 아내가 해야 한다고 말씀하셨다.

안드레는 문득 아버지가 안타깝다는 생각이 들었다. 아버지는 아내를 위해 봉사를 하면 어떤 즐거움을 느끼는지 경험해 보신 적이 없을 테니 말이다. 안드레는 자신이 해놓은 일을 보고 아내가 어떤 반응을 보일지 상상하며 미소를 지었다.

그의 아내는 집에 돌아와서 깨끗하게 청소된 욕실을 보고 깜짝 놀랄 것이다. 그뿐 아니라 그녀가 카탈로그에서 보고 마음에 들어 했던(하지만 안드레는 그 사실을 잊었을 거라고 생각한) 샤워 커튼과 바닥 깔판, 수건 세트, 화장지 걸이가 세팅된 광경에도 놀라움을 금치 못할 것이다. 너무 기쁜 나머지 칫솔 걸이에 묻어 있던 치약이 싹 닦인 것까지 사소한 것 하나 놓치지 않고 언급하며 감탄사를 연발할 것이다. 그러다 결국 눈물을 흘리며 멋쩍은 듯 웃음을 터뜨리고 안드레를 오래도록 껴안아 줄 것이다. 또한, 그의 귓가에 대고 이렇게 속삭일지도 모른다. "이렇게 다정하고, 사려 깊고, 놀랍고, 매력적인 사람과 결혼하다니, 나는 정말 운이 좋은 사람이에요."

이런 모습을 상상하니 안드레는 아버지 말고도 자신처럼 하지 않는 다른 사람들이 참 안타깝게 느껴졌다.

어렵게 얻은 행복

안드레와 그의 아내가 사랑의 언어에 관해서는 천생연분으로 보일지 모른다. 그런데 꼭 그렇지만은 않다. 안드레는 아내를 만나자마자 텔레파시로 그녀의 사랑의 언어가 봉사라는 것을 알아차린 것은 아니었다. 처음부터 아내의 사랑의 언어를 유창하게 구사한 언어의 대가도 아니었다.

안드레와 그의 아내는 서로에게 자신의 욕구를 알리고 그 욕구를 충족시킬 방법을 찾기 위해 애썼다. 의심과 갈등, 번민, 혼란을 겪으면서 몇 해를 보냈다. 몹시 힘들 때는 결혼을 하지 말았어야 하나 싶을 정도로 후회가 들기도 했다.

아내의 사랑의 언어를 발견한 후에도 안드레는 그 사랑의 언어를 배우느라 애를 먹었다. 그는 자신이 이미 하는 일(차에 기름을 넣고, 쓰레기를 버리고, 가정 경제를 책임지는 등의 일)을 아내를 위한 봉사로 간주해야 한다고 주장했다. 이런 일들을 통해 아내가 사랑받는다고 느낄 것이라 생각했기 때문이다. 기본적으로 그는 아내가 그의 해결책에 맞춰 그녀의 욕구를 바꿔 주기를 원했다. 그가 아내에게 가장 의미 있는 일이 무엇인지 알아차리기까지, 그 일을 하기 위해 노력하기까지는 꽤 오랜 시간이 걸렸다. 그 한 예가 욕실 청소다.

안드레는 더디지만 꾸준히 배워 나갔다. 그리고 연습을 통해(꽤 많은 시행착오를 통해) 마침내 봉사라고 하는 사랑의 언어를 유창하게 구사하게 되었다. 당신도 그럴 수 있다. 이 새로운 언어를 배우려면 전략이 필요한데, 다음과 같이 세 부분으로 나눌 수 있다.

효과 | 진취성 | 태도

이 세 요소 중 어느 하나라도 빠지면 봉사를 통해 아내에게 사랑을 전하려는 시도가 좌절될 것이다.

먼저 '효과'의 중요성에 대해 살펴보자.

효과

좋은 소식과 나쁜 소식이 있다.

나쁜 소식은 당신이 주말 내내 낙엽을 긁어모으고, 겨울철에 대비하여 잔디를 관리하고, 호스를 감아서 치워 놓고, 자동차에 월동 장구를 갖추어 놓고, 다락에서 추수감사절과 성탄절에 쓸 장식을 꺼내고, 창문과 문에 문풍지를 붙이고, 벽난로에 쓸 장작을 마련한다고 해도 아내의 사랑 탱크를 조금도 채우지 못할 수 있다는 것이다.

좋은 소식은 직장 일의 마감 시한을 앞둔 아내를 위해, 혹은 긴 하루를 보내고 녹초가 된 아내를 위해 밖에서 음식을 사 오고, 음식을 다 먹고 나서 주방을 청소하고, 아이들을 재워 주기만 해도 아내의 사랑 탱크를 넘치도록 채울 수 있다는 것이다.

봉사에 관한 한, 당신은 얼마나 오래 일했는지 또는 얼마나 열심히 일했는지로 평가받지 않는다. 얼마나 능률적이었는지, 즉 얼마나 효과적이었는지에 따라 평가받는다.

야구에서 선발 투수는 변화구가 직구와 같은 위치에 떨어지도록 꾸준히 투구 동작을 연습할 것이다. 선발 투수로서 해야 할 역할을 잘해 내기 위해 연습을 아무리 많이 했어도 땅볼이나 직선 타구를 잡는 연습을 수백 번은 더 할 것이다. 매일 밤 경기 영상을 보면서 수많은 타자와 주자들의 성향도 분석할 것이다.

하지만 결국 그를 판단하는 기준이 되는 것은 단 하나, 바로 타자를 아웃시켰느냐 하는 것이다. 만약 타자를 아웃시키지 못했다면 그가 한 일들은 아무 소용이 없게 된다. 중요한 것은 꼭 필요한 일을 효과적으로 해냈느냐 하는 것이다.

처음에 안드레는 이 점을 깨닫지 못했다. 열심히 노력했지만 엉뚱한 일에 열심을 냈을 뿐이다. 그래서 결국 아내의 사랑 탱크를 채우는 데 실패하고 말았다.

자기 일에 자부심을 느끼는 사람은 이것이 삼키기 힘든 약처럼 느껴질 수 있다. 우리는 보통 남편이나 가장으로서 자신의 가치를 입증하고자 하는 본능적인 욕구를 가지고 있다. 그뿐 아니라 우리가 하는 일이 의미 있기를 바라고, 그 일로 인정받고 싶어 한다.

결혼 후 예전 방식으로 돌아가는 사람들

많은 사람이 배우자가 이미 봉사라는 사랑의 언어를 유창하게 구사한다고 생각하며 결혼 생활을 시작한다. 연애 기간에 배우자가 보여 준 행동 방식을 근거로 그렇게 믿게 된 것이다. 그러나 대부분 결혼 전에 보여 주었던 행동이 결혼 후의 행동을 예견하게 해주지는 못한다는 사실을 금세 깨닫게 된다.

사랑에 빠지면 우리는 평소 성격과는 전혀 어울리지 않는 행동을 하기도 한다. 그러나 결혼 후에는 사랑에 빠지기 전의 상태로 돌아간다. 바로 이때가 새로운 사랑의 언어를 배워야 할 때다.

봉사라는 사랑의 언어를 유창하게 구사하려면 예전 방식으로 돌아가려는 이 같은 마음가짐을 버려야 한다. 어떤 행동이 효과적이고 어떤 행동이 효과적이지 않은지를 알려면 아내에게 도움을 받는 것이 좋다. 효과적으로 봉사하려면 아내의 안내가 필요한 것이다.

당신의 아내에게 사랑이란 어떤 것인가? 어떤 행동을 하면 그녀가 진정으로 사랑받는다고 느끼는가?

이 질문들에 대한 답이 행동 지침이 되어 줄 것이다. 아내의 성격에 따라, 그리고 당신 부부의 관계가 그동안 어땠는지에 따라 아내는 당신과 이 질문들에 대한 답을 나누는 것을 편안하게 생각할 수도, 불편하게 생각할 수도 있다. 따라서 당신은 아내의 마음을 편안하게 해주면서, 당신이 얼마나 그녀의 욕구를 진심으로 충족시켜 주고 싶어 하는지 알려 주어야 한다.

아내에게 '남편이 해주기 원하는 봉사 목록'을 작성하게 해보는 것도 하나의 방법이 될 수 있다. 그녀에게 가장 의미 있는 봉사가 무엇인지 네다섯 가지 정도를 적어 보게 하라. 이 봉사 목록에는 아내가 몹시 하기 싫어하는 자질구레한 집안일이 있을 수도 있고, 아내가 수년간 꿈꿔 온 프로젝트가 있을 수도 있다. 목록을 살피다 보면 아내가 느끼는 스트레스를 알 수 있고, 그녀에게 혼자만의 시간을 갖게 해줄 방법이 무엇인지 아이디어를 얻을 수도 있다.

이 목록에 아내가 원하는 일 모두를 쓰게 할 필요는 없다. 이것은 아내의 현재 마음 상태를 알아보기 위한 시작점일 뿐이다. 하지만 일단 이 목록이 만들어지면 소중한 자료로 다루어야 한다.

진취성

아내에게서 목록을 받고 나면 이제 당신은 아내를 위해 공식적으로 봉사해야 한다. 바로 그 혁신적인 순간으로의 전이가 중요하다. 이는 마치 400m 계주에서 배턴 터치를 하는 순간이나 자동차 경주에서 피트 스탑(pit stop, 자동차 경주에서 드라이버가 연료 보충이나 타이어 교체, 기계 장치 조정 등을 위해 도중 정차하는 것-역자 주)을 할 때와 비슷하다. 이때는 속도와 실행이 가장 중요하다.

이것을 '진취성'이라고 하자. 아내가 목록을 당신에게 줄 때까지 기다리지만 말고 적극적으로 그 목록을 손에 넣으라.

당신은 시간과 기회, 에너지만 있다면 목록에 있는 일들을 기꺼이 하려고 들 것이다. 그러나 사업이나 스포츠 그리고 그 밖의 다양한 분야에서 그런 것처럼 관계에서도 의도가 좋다고 결과가 다 좋은 것은 아니다. 좋은 결과를 얻으려면 좋은 의도를 구체적이고 분명한 무언가로 전환해야 한다.

좋은 의도를 가지고 목록을 작성하도록 아내를 격려한다고 해도, 책상 위에 산더미처럼 쌓여 있는 서류 더미 속에 목록이 파묻힌다면 의도 또한 무의미해지고 만다. 아내를 위해 하려고 했던 일들을 아내가 상기시켜 주는 것은 당신이 결코 바라는 바가 아닐 것이다.

그런 것은 아내에게 사랑으로 느껴지지 않을 것이다. 사랑은 거저 주는 것이다. 요구하거나, 속여서 빼앗거나, 달콤한 말로 꾀어서 얻을 수 있는 것이 아니다.

되도록 빨리 진취성을 발휘하여 목록에 있는 일들을 완수하라. 그러면 당신의 아내는 당신이 자신의 정서적 평안을 얼마나 중요하게 생각하는지 깨닫게 될 것이다.

가장 합리적인 방법은 목록에 있는 일 중에 가장 쉬운 것을 선택하여 완수하는 것이다. 시간이 문제가 되는 경우, 그런 방법을 취하는 것은 전혀 잘못된 일이 아니다. 그런 경우가 아니라면(더 큰 일을 할 시간과 돈이 충분하다면) 아내에게 가장 의미 있는 일, 아내가 감동할 만한 일을 하는 것이 가장 좋다.

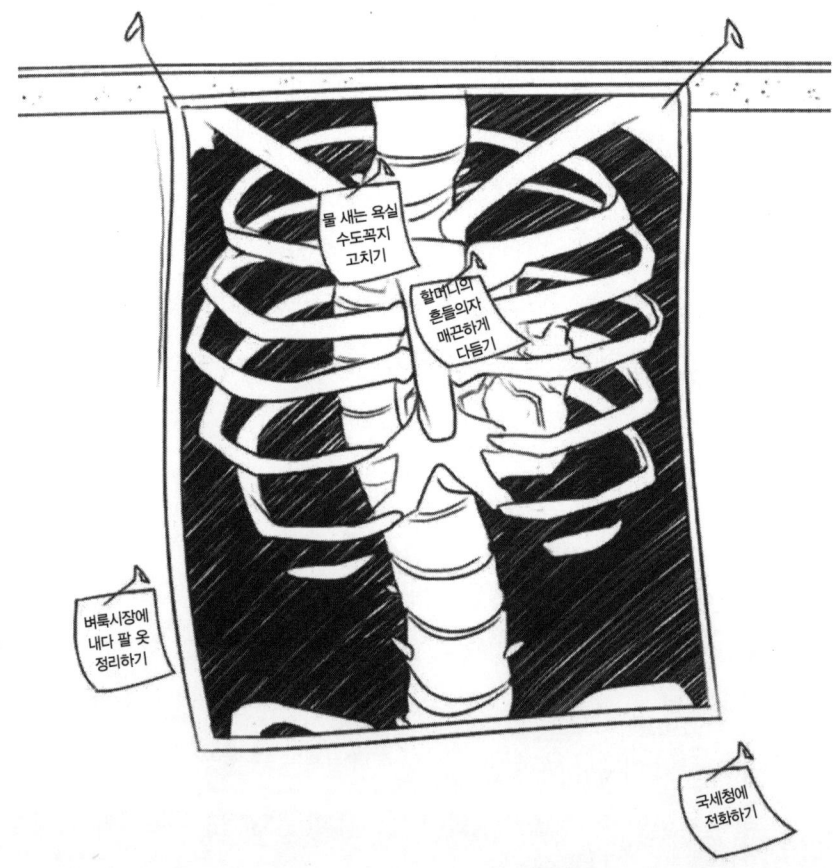

그 일을 잘 마무리하고, 아내에게 좋은 의도 대신 좋은 결과를 보여 주라. 첫 번째 일을 마치면 나머지 일들에 주의를 기울이라. 그런데 말처럼 쉬운 일은 아닐 것이다. 그렇지 않은가? 특히 시간과 관심, 에너지를 많이 쏟아야 할 일일 때는 더욱 그럴 것이다.

봉사를 주도하는 핵심은 일을 '3D(Drive, Discipline, Dedication) 체험'으로 만드는 것이다.

추진력(Drive)에는 동기가 강하게 작용한다. 당신이 봉사하는 이유를 늘 새롭게 마음에 새기고 싶다면, 해야 할 일 목록을 욕실 거울같이 매일 볼 수 있는 곳에 붙여 놓으라. 가장 마음에 드는 아내의 사진도 함께 붙이라. 그리고 목록에 있는 일을 하든, 아내가 좋아할 만한 다른 일을 해서 그녀를 놀래 주든, 봉사를 통해 어떻게 그 사진 속 여인에게 사랑을 나타내 보일지 생각하라.

훈련(Discipline)이 되어 있지 않으면 목록에 있는 일 중 더욱 어려운 일을 수행할 때 우선순위를 정하고 일정을 조정하는 것이 힘들어진다. 하루 만에 6개의 텃밭 상자를 만들어 설치하는 것은 무리다. 퇴근하고 집에 돌아와 한두 시간 만에 붙박이장을 설치하는 것은 불가능한 일이다. 어떤 일은 빽빽한 일정에 간신히 끼워 넣을 수 있지만, 어떤 일은 당신이 해야 할 일이나 여가를 미뤄야 할 수 있을 것이다.

헌신(Dedication)은 일단 시작한 일을 확실하게 마무리 짓는 것이다. 아내를 위해 하는 일을 사랑의 증표로 제시할 수 있을 때까지 그 일에 충실해야 하며, 다른 급한 일 때문에 마무리 짓지 못하는 일이 없도록 노력해야 한다.

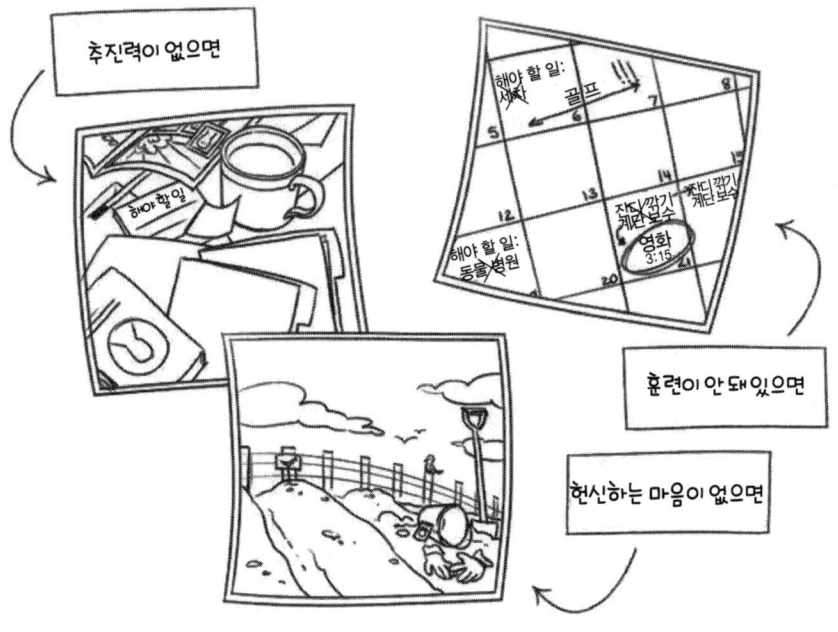

이 점을 꼭 명심하라. 일을 중도에 그만두거나 연기하면 아내는 당신이 그 일을 중요하게 여기지 않는 것 같다고 생각한다.

태도

봉사만큼이나 중요한 것이 봉사할 때의 태도다. 사실 아무리 좋은 일이라 해도 잘못된 태도로 하면 안 하느니만 못하다. 당신이 아내를 위해 봉사할 때 화가 나 있거나 짜증이 나 있으면, 그녀는 존중받지 못한다고 느낄 것이다. 자신을 마치 당신의 시간과 에너지를 앗아 가는 귀찮고 부담스러운 존재로 여기는 것 같아 기분이 상할 수도 있다. 여기서 무슨 사랑을 기대할 수 있겠는가?

효과를 극대화하려면 **열정적으로 봉사하라.** 아내에게 의미 있는 일을 한다는 기쁨을 가지고 봉사하라. 그 일이 비록 익숙하지 않더라도 **즐겁고 겸손한 마음으로 하라.** 봉사할 때는 이목을 끌려 하지 말고, 나중에 생색내려 하지도 말라. 영웅처럼 굴지도 말고, 순교자처럼 굴지도 말라. 누구를 위해서 왜 그 일을 하는지 기억하라.

봉사가 당신의 제1의 사랑의 언어라면……

사랑은 선택이지 강요하는 것이 아니다. 원하는 것을 얻으려고 아내를 비판하거나 명령해서는 안 된다. 아내를 압박하면 당신이 원하는 것을 할수도 있지만 그것은 분명 사랑의 표현이 아니다.

가장 좋은 방법은 명령이 아니라 부탁을 통해 아내에게 방향을 제시하는 것이다. "나는 당신이 집 청소를 하고, 우편물을 정리하고, 어머니께 더 자주 전화를 드렸으면 좋겠어."라는 식으로 말이다. 그렇지만 사랑하고자 하는 의지는 요구할 수 없다. 우리는 매일 아내를 사랑할 것인지 아니면 사랑하지 않을 것인지 선택해야 한다.

현관 깔판 취급을 당하는 아내

5가지 사랑의 언어 중에서 봉사는 남용될 가능성이 가장 크다. 순전히 사랑의 이름으로 배우자가 자신을 위해 무슨 일이든 하게 만들 수 있다.

이기적인 남편에게 시달리던 한 부인이 이렇게 말했다. "나는 20년 간 남편에게 봉사해 왔어요. 손발이 닳도록 시중을 들었죠. 그러나 그는 내 친구와 가족 앞에서조차 나를 무시하고, 함부로 대하고, 모욕을 주었어요. 마치 현관 깔판처럼 나를 짓밟았습니다. 그를 미워하는 것은 아니에요. 나는 그를 아프게 하고 싶진 않아요. 하지만 화가 납니다. 더는 그와 함께 살고 싶지 않아요."

이 부인은 20년 동안이나 남편을 위해 봉사해 왔으나 그것은 사랑의 표현이 아니었다. 두려움과 죄책감, 분노 때문에 한 것이었다. 좋은 의도를 지녔지만 이와 비슷한 일을 겪는 사람이 얼마나 많은가? 현관 깔판 같은 취급을 받는 사람이 주변에 많지 않은가?

깔판은 생명이 없는 물건이다. 밟든지, 신발을 문지르든지, 발로 차든지 아무렇게나 할 수 있다. 그것은 자기 의지가 없다. 어떤 취급을 당해도 항의하지 못한다. 그저 용도에 맞게 사용될 뿐이다.

아내를 물건처럼 취급하는 것은, 혹은 아내로 하여금 물건 취급당한다는 느낌을 받게 하는 것은 사랑의 가능성을 배제시키는 것이다. "좋은 아내라면 나를 위해 이렇게 해야지."라는 식으로 죄책감을 통해 조종하는 것은 사랑의 언어가 아니다. "이 일을 하지 않으면 후회하게 될 거야."라고 겁을 주는 것도 사랑과는 거리가 멀다.

마찬가지로 남편이 봉사를 통해 사랑을 전하려고 진지하게 노력하는데 아내가 늘 불만스럽고 냉담한 반응을 보인다면 이 또한 다시 생각해 보아야 한다.

앞서 언급했듯이 제2의 사랑의 언어를 유창하게 구사하려면 시간이 필요하다. 어쩔 수 없이 실수도 하게 될 것이다. 특히 두 사람 간에 배우는 속도가 차이가 나면 모든 방법이 다 효과적이지는 않을 것이다. 그런데 아내가 가장 의미 있다고 한 일을 하는데도 그녀가 늘 당신을 비판하거나 아무런 반응을 보이지 않는다면, 봉사는 그녀의 사랑의 언어가 아닐 수 있다.

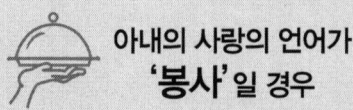

아내의 사랑의 언어가
'봉사'일 경우

당신은 아내에게 사랑을 표현하기 위해 '봉사'라고 하는 사랑의 언어를 유창하게 구사하려고 노력해 왔다. 아주 훌륭하다. 그러나 당신의 제1의 사랑의 언어가 봉사가 아니라면 아이디어가 잘 떠오르지 않을 때도 있을 것이다. 도움이 될 만한 아이디어를 몇 가지 제시했으니 참고하라.

1. 아내가 어떤 집안일이 제대로 되어 있으리라고 기대하지 않을지 알고 있는가? **그런 일 중 하나를 하여 그녀를 놀래 주라.**

2. **아내가 어떤 일을 해달라고 요청하면 바로 해주라.** 그녀가 같은 말을 반복하지 않도록 하라.

3. 한 주 동안 매일 30분씩 **아내를 위한 봉사를 계획하고 실천하라.**

4. **아내가 전혀 예상하지 못할 일을 하라.** 예를 들면, 애완견을 동물 병원에 데려가거나, 화장실 청소를 하거나, 주방 찬장을 정돈하라.

5. **저녁 식사를 준비하라.** 직접 요리를 하라. 요리한 뒤에는 주방을 정리하고 오븐을 닦는 것도 잊지 말라.

6. **아내와 함께 업종별 전화번호부나 컴퓨터 화면을 들여다보며 '쇼핑'을 하라.** 하수구 청소라든가 페인트칠, 카펫 세탁 등 아내에게 필요한 서비스를 고르게 하라.

7. **아내가 가장 자주 하는 불평이 무엇인지 떠올려 보라.** 그 불평을 또 듣지 않도록 미리 조치해 두라.

8. **아내가 슬픈 일을 당했을 때**(부모님 상을 당했거나 애완견이 죽었을 때 등) **아내 곁에 있어 주라.** 힘든 시기에 의지가 되어 주는 것은 커다란 봉사가 될 수 있다.

9. 아내를 위해 앞으로 무슨 일을 할 것인지 늘 미리 말하지는 말라. 때로는 **말없이 봉사**하고 그녀가 이를 알아차리기까지 시간이 얼마나 걸리는지 보라.

10. 아내가 아침마다 바빠서 허둥대면 **단 몇 분이라도 시간을 벌어 줄 방법을 찾아보라.** 그녀보다 화장실에 더 일찍 가거나, 아이들 도시락을 챙겨 주거나, 커피를 내려 주라.

11. **당신의 친구들이 보유한 기술이나 능력을 목록으로 만들라.** 당신이 할 수 없는 일을 해야 할 때 어떤 친구에게 전화해야 할지 금방 알 수 있을 것이다.

12. 당신이 아내를 위해 한 일을 그녀가 무척 좋아하며 자기도 해보고 싶어 한다면 **함께 다른 사람들을 위해 봉사하라.** 두 사람은 어느새 함께하는 시간을 보내고 있음을 알게 될 것이다.

13. **아내가 사랑하는 대상을 위해 봉사할 방법을 생각해 보라.** 그녀의 친구나 가족, 교회 성도들을 위한 일이어도 좋고, 그녀가 추구하는 대의를 위한 일이어도 좋다.

14. 아내가 좋아하는 TV 프로그램을 시청할 때 **방해받지 않고 볼 수 있게 해주라.** 집에 걸려 오는 전화를 모두 당신이 받고, 아이들이 엄마를 찾으면 당신이 대신 돌봐 주라.

15. 이 책을 읽고 있는 다른 남편들을 알고 있다면 지혜를 모아 **새롭고 효과적인 관계 전략을 짜보라.**

THE FIVE LOVE
LANGUAGES
FOR MEN

06 THE FIVE LOVE LANGUAGES FOR MEN
사랑의 언어 #5 스킨십

어렸을 때 이웃과 함께 축구를 해본 적이 있는가? 아버지와 팔씨름을 해본 적이 있는가? 형제들과 엄지손가락 씨름을 해보았는가? 쉬는 시간에 친구들과 몸을 부딪치며 장난을 쳤는가?

스킨십은 사람이 성장하는 데 중요한 역할을 한다. 남자아이들은 자기들끼리 놀게 두면 **어떤 놀이나 활동도 스킨십이 이루어지는 스포츠로 바꿀 수 있다.**

우리는 성장하면서 다른 사람들의 사적인 공간을 존중하고 그들의 몸을 만지지 않도록 배운다. 악수나 하이파이브, 가끔 하는 포옹 이외에 성인으로서 하는 개인적 상호 작용은 주로 스킨십 없이 이루어진다. 우리는 다른 사람을 함부로 만지지 않고, 다른 사람도 우리를 함부로 만지지 않는다.

때로는 이런 방식이 결혼 생활에까지 이어진다. 신혼기가 지나고 부부가 서로 함께하는 시간이 줄어들면 두 사람 사이에 물리적 거리가 점점 늘어나게 된다. 바쁜 일상 속에서 여러 가지 감정적인 문제로 남편과 아내 사이가 멀어지게 되는 것이다.

결혼한 사람의 5분의 4쯤 되는 사람들이 그 거리를 대수롭지 않게 여긴다(5분의 4라는 숫자에서 우리는 사람들의 제1의 사랑의 언어가 비교적 고르게 분포된 것을 알 수 있다). 그들의 사랑 탱크는 인정하는 말이나 함께하는 시간, 선물, 봉사로 채워진다. 스킨십을 더러 하기는 하지만 스킨십이 있어야만 사랑받는다고 느끼지는 않는다. 그들이 느끼는 정서적인 행복은 스킨십에 매여 있지 않다.

이 장은 나머지 20%, 즉 제1의 사랑의 언어가 스킨십인 사람들을 위해 쓰였다.

스킨십이 필요한 사람들

당신 부부가 미식가라면 '특별한 미각의 소유자'라는 말을 들어 본 적이 있을 것이다. 특별한 미각의 가졌다는 것은 미각이 매우 발달하여 음식 맛을 다른 사람들과는 다르게 느낀다는 뜻이다. 이런 사람들에게 설탕은 더 달고, 소금은 더 짜고, 지방은 더 기름지고, 쓴맛은 견디기 어려울 정도로 쓰게 느껴진다. 우유나 다른 음식의 지방 성분이 어떻게 다른지 그 미묘한 차이까지 구별하는 사람도 있다.

맛을 예민하게 감별하는 능력이 축복인지 아닌지에 대해서는 판단

을 유보하기로 하자. 특별한 미각을 가진 사람들은 그 미각으로 그들이 좋아하는 음식에 들어가는 여러 재료를 알아맞히고 그 하나하나의 맛을 음미할 수 있다. 그러나 다른 사람들이 좋아하는 어떤 음식에는 강한 거부감을 느낄 수 있다.

당신 아내의 제1의 사랑의 언어가 스킨십이라면 그녀를 '특별한 촉각의 소유자'라고 생각하라. 아내는 팔을 가볍게 누르거나 등을 어루만지는 행위에서도 사랑과 애정을 느낄 수 있다. **대부분의 사람들에게는 별것 아닌 스킨십에도 그녀는 짜릿함을 느끼고, 기분이 변화되고, 유쾌**

한 하루를 보내고, 무엇보다도 사랑받는다고 느낀다.

촉각과 관련한 강렬한 경험은 그녀가 맺고 있는 인간관계에 중요한 역할을 한다. 가까운 사람일수록 그녀는 그와 스킨십을 더 많이 한다. 남동생과 포옹하거나, 어머니의 뺨에 입을 맞추거나, 친한 친구의 어깨에 팔을 두르거나 하는 식으로 말이다. **가까운 사람들이 그녀에게 스킨십을 하지 않으면, 그녀는 사랑의 언어가 스킨십이 아닌 사람들이 상상하는 것 이상으로 고통과 불안을 느낄 수 있다.**

아내의 관점에서 스킨십은 관계를 형성하기도 하고 파괴하기도 한다. 스킨십이 사랑을 전하기도, 증오를 전하기도 하는 것이다. 뺨을 맞는 것은 누구에게나 충격적인 일이지만 스킨십이 사랑의 언어인 사람에게는 특히 더 끔찍한 일이다. 부드러운 포옹은 대부분의 사람들에게 사랑과 애정을 전하지만 스킨십이 사랑의 언어인 사람에게는 더 크게 사랑을 전한다.

그의 사고 과정은 이렇게 전개된다. '나는 곧 내 몸이다. 내 몸을 만지는 것은 나를 만지는 것이다. 나와 몸이 맞닿았을 때 몸을 움츠리는 것은 정서적으로 내게 거리를 두는 것이다.'

스킨십이 제1의 사랑의 언어가 아닌 사람도 이런 생각을 어느 정도는 이해할 수 있다. 의식하든 의식하지 못하든 우리는 대부분 특정한 스킨십이 일상화된 사회에 살고 있다. 그런 스킨십을 피하려 하면 공연히 주위의 이목을 끌거나 오해를 살 수 있다. 당신은 일주일에 몇 번이나 고객이나 교회 성도들, 골프 파트너들, 지인들과 악수를 하는가? 우리 사회에서 악수는 다른 사람들에 대한 개방적이고 우호적인 마음을 전하는 한 방법이다. 만약 당신이 누군가에게 악수를 청했는데 그 사람이 손을 맞잡지 않고 가만히 있는다면, 당신은 다음의 3가지 사항 중 하나를 가정하게 될 것이다.

'그 사람은 예의를 모르는 무뢰한이다.'

'그는 나를 알고 싶어 하지 않는다.'

'그와의 관계에 뭔가 문제가 있다.'

악수 요청을 거부한 사람이 누구냐에 따라 당신은 다르게 반응하게 될 것이다. 상대방이 조금 전에 농구 시합에서 당신에게 진 사람이라면 당신은 두 번 생각하지도 않을 것이다. 그러나 그 사람이 당신의 직장 상사라면 공황 상태에 빠져 당신이 무슨 잘못을 했으며 또 언제 벼락이 떨어질지 몰라 전전긍긍할 것이다.

스킨십이 사랑의 언어인 아내도 마찬가지다. **스킨십이 없으면 그녀는 이것을 자신에 대한 개인적인 감정에서 비롯된 것으로 받아들일 것이다.** 자존감을 잃을 것이고, 우정이나 관계에 대해 걱정할 것이다. 친구, 사랑하는 사람들에게 둘러싸여 있으면서도 외롭다고 느낄 것이다.

당신은 남편이기에 다른 누구보다도 당신의 아내를 사랑하고 인정해 주어야 한다. 당신에게는 아내가 원하는 스킨십을 해줄 책임이 있다. **어떤 사람은 이것을 부담스럽게 여길 것이다. 그러나 당신은 이것을 도전이자 기회로 받아들이기로 선택할 수 있다.**

당신의 평소 스킨십 패턴을 알라

자녀가(혹은 친구의 자녀나 당신의 조카가) 고등학교 운동부라면, 당신은 '뇌 기본 검사'에 익숙할 것이다. 잘 모르는 사람들을 위해 간단히 설명하자면 이렇다. 운동선수들은 경기 시즌이 시작되기 전에 반응 시간과 기억량, 정보 처리 속도, 뇌의 실행 기능 등을 측정하는 검사를 한다. 검사 결과는 그 운동선수의 뇌가 건강할 때 어떻게 작용하는지를 보여주는 자료로 활용된다.

운동선수가 뇌를 다치면 의사들은 검사를 다시 하여 예전 결과와 비교할 수 있다. 그러면 뇌의 어느 부위에 손상이 갔는지 파악하여 적절한 치료 계획을 세울 수 있다.

아내의 사랑의 언어를 배우는 데도 같은 원리가 적용된다. 스킨십이라고 하는 사랑의 언어를 진정으로 유창하게 구사하고 싶다면, 아내와의 스킨십에 대해 '기본 검사'를 해보라.

주말에 아내가 잠자리에 든 뒤 그날 있었던 스킨십을 돌이켜 보라. 아내에게 키스나 포옹을 하거나, 손을 잡거나, 어깨를 감싸 안거나, 식탁 밑으로 발을 툭 치거나, 허리에 팔을 두르거나, 하이파이브를 하거나, 장난스럽게 몸싸움을 벌이거나, 어깨를 주무르거나, 머리를 쓰다듬거나, 등을 어루만지거나, 그 밖의 의미 있고 의도적이며 애정 어린 스킨십을 했다면 그것을 일일이 기록해 두라.

되도록 정확하고 종합적으로 목록을 만들라. 더 괜찮은 사람으로 보이고 싶어 숫자를 부풀리고 싶은 충동이 든다면 저항하라. 당신은 단지 나중에 비교 근거로 삼을 수치를 찾고 있을 뿐이다. 이 목록을 볼 사람은 당신밖에 없지 않은가.

아내에게 스킨십을 언제, 얼마나 했는지 알 수 있다면, 지금까지보다 더 잘할 수 있는 스킨십을 찾을 수 있다. 예를 들어, 한두 종류의 스킨십을 자꾸 반복한다는 사실을 알게 되었다면, 자주 하지 않는 스킨십을 시도해 볼 수 있다. 횟수를 적고, 목표를 정하고, 전략을 짜보라.

일단 전략을 세우면 어느 정도의 진전이 있는지 확인하기 위해 중간 점검일을 정하여 달력에 표시하라. 새 목록과 기준이 되는 목록을 비교하며 어느 부분이 나아졌고 어느 부분을 개선해야 할지 살펴보라.

기분 좋은 스킨십

해부학적으로 보면 스킨십은 가장 배우기 쉬운 사랑의 언어다. 촉각 세포는 인체 전반에 퍼져 있기 때문에 아내를 어떤 곳이든지 사랑스럽게 어루만질 수 있다. 이론적으로는 그렇다.

그러나 **모든 스킨십이 다 같은 것은 아니다.** 어떤 스킨십은 다른 스킨십보다 아내를 더 기쁘게 해줄 것이다. 물론 여기에 있어서 가장 좋은 안내자는 당신의 아내다. 사랑할 사람이 바로 그녀이기에 더욱 그렇다. 어느 것이 사랑의 스킨십인지는 그녀가 안다. **당신 마음 내키는 대로 아무 때나 스킨십을 하려 들지 말라.** 그녀의 방식으로 사랑을 표현하라.

당신이 좋든 싫든 아내는 어떤 스킨십은 불편하거나 짜증스럽게 여길 것이다. 그런 스킨십을 계속하면 사랑을 정반대로 표현하는 것과 같다. 당신이 그녀의 욕구에 민감하지 못하면 그녀가 좋아하는 것에는 관심이 없음을 나타내는 행위가 된다. **당신이 좋아하는 스킨십을 아내도 좋아할 것이라고 생각하지 말라.**

어떤 스킨십은 노골적이고 온 정신을 집중해야 한다. 성관계에서 느끼는 전희나 절정과 같은 사랑의 접촉이 그렇다(여기에 대해서는 나중에 더 자세히 설명하겠다). 등을 어루만지는 것도 마찬가지다. 노골적인 사랑의 접촉은 많은 시간과 노력이 필요한데, 실제로 접촉하는 것은 물론 이것을 통해 아내에게 사랑이 잘 전달되는지 알아야 하기 때문이다. **만약 등 마사지가 아내에게 사랑을 크게 전하면, 시간과 돈, 에너지를 들여 마사지를 배워 보라. 훌륭한 투자가 될 것이다.**

다른 사랑의 접촉은 은근히 하는 것이고 한순간이면 족하다. 아내에게 커피를 따라 주면서 그녀의 어깨에 손을 얹거나, 주방을 지나치면서 그녀와 몸을 스치는 것 등의 행위가 포함된다.

은근히 하는 사랑의 접촉은 시간이 적게 들긴 하나 많은 생각이 요구된다. 특히 스킨십이 당신의 제1의 사랑의 언어가 아니거나 접촉하는 것이 자연스러운 가정에서 자라지 않았다면 더욱 그렇다. 따로 시간을 들이지 않고도 함께 앉아 TV를 보면서 사랑을 크게 표현할 수 있다. 방으로 걸어 들어가면서 소파에 앉아 있는 아내를 가볍게 잠깐 만질 수도 있다. 집을 나설 때나 집에 돌아와서 간단한 키스나 포옹으로 사랑을 크게 전달할 수도 있다.

일단 아내의 제1의 사랑의 언어가 스킨십인 것을 알고 나면 상상력을 최대한 발휘해 다양한 방법으로 사랑을 표현하라. 새로운 접촉 방식이나 장소를 개발하면 매우 흥미로운 도전이 될 것이다.

식탁 밑으로 아내를 만져 본 적이 없다면, 함께 외식할 때 한번 시도해 보라. 저녁 식사 자리에서 사랑의 불꽃이 일어날 것이다.

사람들이 보는 앞에서 아내의 손을 잡는 것에 익숙하지 않다면, 주차장같이 인적이 드문 곳에서 그녀의 손을 잡고 걸으면서 그녀의 사랑 탱크를 채워 줄 수 있다.

자동차에 타자마자 키스하는 일이 거의 없다면 한번 시도해 보라. 여행이 훨씬 더 즐겁고 흥미로워질 것이다.

아내가 쇼핑을 가려고 할 때 껴안아 주면 사랑이 전달될 될 뿐 아니라 아내가 더 빨리 집으로 돌아오는 효과도 있을 것이다.

새로운 장소에서 새로운 방법으로 스킨십을 시도하면서 아내에게 기분이 어떤지 물어보라. 꼭 기억할 것은 아내가 판단해야 한다는 것이다.

스킨십과 성관계

테스토스테론이 넘치는 혈기 왕성한 남자가 자기 아내의 제1의 사랑의 언어가 스킨십인 것을 알고 음흉한 미소를 짓는다면, 그것은 분명 용서할 수 있는 일이다. 사랑의 언어와 관련하여 복권에 당첨된 것이나 마찬가지니 말이다. 스킨십에는 성관계도 포함된다. 그렇지 않은가?

아마도 그럴 것이다.

아니, 꼭 그렇지만은 않다.

이는 아내에게 달렸다.

어떤 아내는 사랑의 행위로 인한 육체적 친밀감에서 감정적 욕구가 충족된다고 느낀다. 어떤 아내는 성관계를 다른 스킨십과 구별하여 생각한다. 어느 쪽이 되었든 중요한 것은 아내의 욕구에 초점을 맞춰야 한다는 것이다.

스킨십이라는 사랑의 언어를 유창하게 구사하고자 하는 것은 당신 자신의 욕구를 충족시키기 위해서가 아니다. 당신의 아내가 진정으로 사랑받는다고 느끼게 하기 위해서다. 만약 아내가 스킨십과 관련한 당신의 노력이 성관계의 전 단계에 불과하다는 것을 감지하게 되면, 그녀는 당신의 스킨십에 거부감을 느낄 것이다. 그 과정에서 당신은 신뢰를 약간 잃을 수도 있다.

아내는 당신이 진실한 목적과 고상한 의도를 지녔으며, 그녀를 위해 노력하고 있다는 것을 알 필요가 있다. 이것이 사랑의 언어 방정식에서 성관계가 제거되어야 함을 뜻한다면 그렇게 하라. 당신과 당신의 아내는 다른 환경에서 육체적인 친밀감을 위해 노력할 수 있다.

스킨십과 성관계와 관련하여 다음 3가지 사항을 다시 강조하겠다. 첫째는 적절한 스킨십과 부적절한 스킨십에 대한 것이다. **경계선을 정하는 것은 아내의 몫이라는 점을** 기억하라. 아내가 애무에 가까운 스킨십을 불편하게 느낀다면 그녀는 그것을 자유롭게 당신에게 이야기할 수 있어야 한다. 그러면 당신은 행동을 적절하게 조절할 수 있을 것이다. 아내의 감정을 반드시 존중해야 한다.

둘째, 아내가 스킨십에 그토록 많은 의미를 부여한다면 그 **어떤 배신 행위도 그녀에게는 매우 고통스러운 일이 될 것이다.** 결혼 생활 상담가들의 파일을 보면 부정한 배우자 때문에 정서적 트라우마를 겪는 부부의 기록이 가득하다. 그런 트라우마는 스킨십이 사랑의 언어인 사람들이 특히 많이 경험한다. 그들은 자신이 갈망하는 사랑이 다른 사람에게 주어진다는 생각만으로도 몹시 견디기 힘들어한다. 그들의 사랑 탱크는 텅 비어 버릴 뿐 아니라 폭발해 버리고 만다. 대대적인 수리에 들어가야만 손상된 부분을 복구할 수 있다.

셋째, **만약 성관계가 아내의 제1의 사랑의 방법이라면 당신이 최고의 연인이 되는 일을 막을 수 있는 것은 아무것도 없다.** 육체적인 사랑의 기술에 대해 더 많이 읽고 토론할수록 그런 식으로 사랑을 표현하는 능력을 더 키울 수 있을 것이다.

스킨십이 가장 필요할 때

일상적인 상황에서 스킨십이 중요하다면 위기 상황에서는 더더욱 중요하다. 제1의 사랑의 언어가 스킨십이 아닌 사람들도 긴급 상황이나, 사랑하는 이를 잃었을 때나, 급격한 변화의 시기에는 본능적으로 서로에게 매달리기 마련이다. 상황이 심각하면 심각할수록 우리는 서로를 더 꼭 껴안거나 손을 붙잡게 된다.

이것은 사랑을 전하는 스킨십의 힘을 증명한다. 위기가 닥치면 우리는 더욱 사랑받는다고 느끼고 싶어 한다. 우리는 상황을 항상 변화시킬 수는 없지만, 사랑받는다고 느끼면 위기를 잘 극복할 수 있다.

모든 결혼 생활에는 위기가 닥치기 마련이다. 그중에는 예상할 수 있는 위기도 있고, 그렇지 못한 위기도 있다. 부모님은 언젠가는 돌아신다. 해마다 수천 명이 자동차 사고로 죽거나 다친다. 죽음은 누구에게나 닥칠 수 있으며, 살다 보면 어쩔 수 없이 좌절을 겪게 된다.

위기가 닥쳤을 때 당신이 아내를 위해 해줄 수 있는 가장 중요한 일은 그녀를 사랑하는 것이다. 그녀의 제1의 사랑의 언어가 스킨십이라면 그녀가 눈물 흘릴 때 그녀를 안아 주는 것보다 더 중요한 일은 없다. 말로 하는 위로는 크게 의미가 없을 수도 있지만 스킨십은 당신의 마음을 전해 줄 것이다.

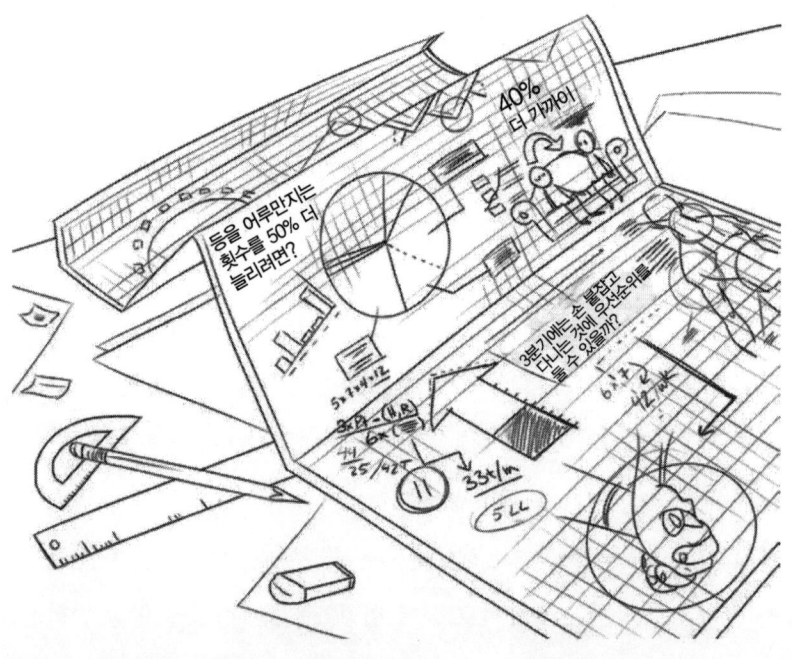

위기의 순간은 사랑을 표현할 기회다. 그 기회를 붙잡는 것이 중요하다. 당신의 부드러운 손길은 위기가 지나간 후에도 오래도록 기억될 것이다. 그러나 위기의 순간에 위로의 손길을 내밀지 않았다면 이 또한 절대 잊히지 않을 것이다.

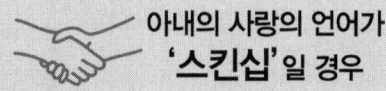

아내의 사랑의 언어가 '스킨십'일 경우

다음을 '스킨십'이라고 하는 사랑의 언어로 소통하기 위한 초보자용 자료 모음(혹은 응급 상황에서 쓸 수 있는 아이디어 모음)쯤으로 생각하라. 아내에게 사랑을 표현할 스킨십에 대해 아이디어가 떠오르지 않을 때는 다음에 제시한 방법을 시도해 보라.

1. **아내에게 스킨십을 하는 것을 생활화하라.** 그녀가 책을 읽을 때 손가락으로 머릿결을 쓸어 주라. 주방에서 일할 때 어깨를 주물러 주라. 아주 작은 행동도 친밀감을 형성하는 데 도움이 될 수 있다.

2. 아침에 출근할 때, 저녁에 퇴근해서 돌아왔을 때, 그리고 잠자리에 들기 전 **아내를 껴 안고 키스하라.** 결혼한 지 오래되었다면 이런 일상적인 의식을 잊고 지나치기 쉽다.

3. **아내와 스킨십을 많이** 할 수 있도록 평소의 생활 방식에 변화를 주라. 당신과 아내가 앉는 특별한 의자가 있다면 의자 2개가 한 팔 거리 안에 들어오도록 위치를 조정하라. 침대에서 잠드는 위치를 서로 바꿔 보라. 이 같은 변화가 예상치 못한 스킨십을 유도할 수 있다.

4. 평소에 식당에서 서로 마주 보고 앉는다면 다음번에는 칸막이 좌석에 **나란히 앉아 보라.** 평소에 나란히 앉는다면 다음번에는 마주 보고 앉아서 식탁 밑으로 발 장난을 해보라.

5. 하룻저녁 시간을 내서 **당신이 아내 몸 어느 부분에 스킨십을 시도할 때 그녀가 가장 좋아하는지 관찰해 보라.** 스킨십 부위를 이리저리 옮겨 가면서 아내에게 엄지를 올

리거나 아래로 내리거나 옆으로 뻗어서(보통이라는 뜻) 의사 표시를 해달라고 청하라. 아내가 엄지를 올린 곳을 기억해 두라.

6. 웹사이트나 DVD, 책 등을 통해 **다양한 마사지 기술**을 연구하라. 아내가 어떤 방법을 가장 좋아하는지 관찰해 보라.

7. 연애 시절을 회상하며 지금은 당연시하는 **스킨십이 얼마나 짜릿했는지 떠올려 보라.** 단둘이 있을 때 예전의 느낌을 되살릴 수 있도록 노력하라.

8. 아내를 위해 장을 볼 때 **아내의 촉감을 만족하게 할 만한 물건**, 이를테면 캐시미어 스웨터라든가 벨벳으로 된 베개, 따스하고 푹신한 슬리퍼 등을 사라.

9. 아내가 아플 때는 **스킨십의 치유력**을 떠올리라. 머리가 아플 때는 목과 관자놀이를 문질러 주라. 감기에 걸렸을 때는 이마를 자주 문질러 주라.

10. 자녀가 있다면 스킨십을 통해 엄마에게 사랑을 표현하도록 가르치라. 기도할 때 가족이 손잡고 기도하는 것을 가정의 전통으로 만들라. **자녀가 자주 포옹하도록 격려하라.** 당신이 아내에게 스킨십을 자주 하면 자녀도 따라 할 확률이 높다.

11. 정해진 시간 동안 **오직 스킨십을 통해서만 아내와 대화하라.** 그럴 때는 아무 말도 하지 말라.

12. 아내가 등을 돌리고 누워 있으면 그녀의 **등에 손으로 간단한 메시지를 써서** 알아맞히게 해보라. (참고로 "사랑해."라는 메시지가 "청소할 시간이야."라는 메시지보다 훨씬 더 좋은 반응을 끌어낼 것이다.)

THE FIVE LOVE
LANGUAGES
FOR MEN

07

THE FIVE LOVE LANGUAGES FOR MEN

당신의 사랑의 언어는 무엇인가?

5가지 사랑의 언어를 처음 접했을 때 "아하!" 하고 외치며 무릎을 치지는 않았는가? 인정하는 말이나 봉사에 대한 장을 읽으면서 "맞아! 내가 꼭 그런데!"라고 하거나 "이건 딱 내 아내인데!"라고 반응하지는 않았는가? 물론 이런 식으로 반응하지 않았을지도 모르지만 말이다.

많은 사람이 자신이나 배우자의 제1의 사랑의 언어를 발견하는 일을 매우 어려워한다. 우리의 바람대로 단서가 늘 그렇게 분명한 것은 아니기 때문이다. 뭐, 그리 놀라운 일은 아니다. 인간은 복합적인 존재이기 때문이다. 우리는 다양한 관심사를 가지고 있고, 온갖 자극에 반응한다. 다른 사람이 한눈에 내가 어떤 사람인지 알 수 있길 기대할 이유가 없는 것이다.

인간은 이렇게 복합적 존재이기에 부부들 대다수가 사랑의 언어와 관련하여 잘못된 가정 아래 행동한다. 선물을 하면 아내가 분명 사랑받는다고 느낄 거라 확신하며 보석과 모피, 레이스 장식이 달린 속옷 등만 잔뜩 사다 준 남편이 얼마나 많은가? 아내에게 인정하는 말을 했다가 아무런 반응이 없어서 민망한 기분이 들었던 남편도 있지 않은가? 배우자가 자신이 한 봉사를 알아주지 않아 분노를 느낀 부부는 또 얼마나 많은가? 배우자가 하고자 하는 일을 "존중한다"고 하면서도 마음속으로는 '함께하는 시간이나 스킨십이 좀 적었으면…….' 하고 바라는 부부도 적지 않을 것이다.

남성의 공식적인 사랑의 언어?

자신의 사랑의 언어에 대해 의도치 않게 자기 자신과 배우자를 속이는 사람이 참 많다. 특히 남성은 이 문제와 관련하여 아주 사소한 이유로 잘못된 판단을 하기 쉽다. 그 이유란 바로 성관계다.

남성은 대부분 성관계에 대한 욕구가 강하기에, 자기의 제1의 사랑의 언어는 스킨십이라고 여긴다. 꽤 그럴싸한 이유 같지 않은가? 하지만 꼭 그런 것은 아니다.

건강 강좌 같은 데서 들어서 알고 있을지 모르겠지만, 남성의 성적 욕망은 신체에서 나온다. 즉, 남성은 정낭 안에 있는 정액에 의해 자극을 받아 성적 욕망이 일어난다. 정낭이 꽉 차면 정액을 방출하려는 물리적 힘이 생긴다. 그러므로 남성의 성적 욕망은 생리적 현상이다. 성적 욕망을 꼭 사랑의 언어와 연관 지을 필요는 없다는 뜻이다.

스킨십이 당신의 제1의 사랑의 언어인지 아닌지 확실치 않다면 당신이 침실 바깥에서도 스킨십을 즐기는 편이지 생각해 보라. 손을 붙잡거나 등을 쓸어 주거나 다정하게 포옹을 하면 기운이 나는가? 만약 그렇지 않다면 스킨십은 당신의 사랑의 언어가 아닐 수 있다.

성적 욕망은 사랑받고 싶은 정서적 욕구와 아주 다르다. 제1의 사랑의 언어가 스킨십이 아닌 사람들에게는 성관계가 중요하지 않다는 말이 아니다. 성관계는 매우 중요하지만 성관계만으로 사랑받고 싶은 남성의 욕구를 충족시킬 수는 없다. 아내는 남편의 제1의 사랑의 언어를 구사해야 한다.

아내가 남편의 사랑의 언어를 구사하여 그의 사랑 탱크가 가득 차고, 남편 역시 아내의 사랑의 언어를 구사해 그녀의 사랑 탱크가 가득 차면 그들의 성관계는 저절로 해결된다. 결혼 생활에서 대부분의 성적 문제는 육체적 기술에 있는 것이 아니라 정서적 욕구를 충족시켜 주는 데 있다.

자신을 알라

당신의 제1의 사랑의 언어는 무엇인가? 언제 아내에게 가장 사랑받는다고 느끼는가? 무엇을 가장 원하는가? 이러한 질문에 대한 답이 바로 떠오르지 않는다면 사랑의 언어의 부정적 면을 생각해 보라.

아내의 어떤 말이나 행동이 당신을 가장 힘들게 하는가? 이 질문에 대한 답을 알면 당신의 제1의 사랑의 언어를 알 수 있을 것이다. 예를 들어, 아내의 비판하는 말이 당신을 가장 힘들게 한다면 당신의 사랑의 언어는 '인정하는 말'일 것이다.

무슨 말인지 이해되는가? 아내가 당신의 제1의 사랑의 언어를 부정적으로 구사한다면, 즉 당신이 원하는 것과 정반대로 행동한다면 당신은 같은 상황에 처한 다른 사람들보다 더 큰 상처를 받게 될 것이다. 왜냐하면, 당신의 사랑의 언어를 무시할 뿐 아니라 그 언어를 무기로 삼아 당신을 공격하기 때문이다.

인정하는 말
"아내가 진심으로 나를 칭찬해 준다면, 나는 아마 충격으로 쓰러지고 말 거야."

특별한 날인데도 아내가 선물을 하지 않아 기분이 몹시 상한다면 '선물'이 당신의 사랑의 언어일 수 있다. 아내와 함께하는 시간이 적어 마음이 상한다면 '함께하는 시간'이 당신의 사랑의 언어일 가능성이 크다.

당신의 제1의 사랑의 언어를 발견하는 또 다른 방법은 결혼 생활을 돌아보면서 "내가 아내에게 무엇을 가장 자주 요구했었나?"라고 자문해 보는 것이다. 이 질문에 대한 답이 당신의 사랑의 언어를 발견하는 데 단서가 되어 줄 것이다. 아내는 당신의 요구를 잔소리쯤으로 여기겠지

함께하는 시간
"아내는 다른 사람들한테 내줄 시간은 있어도 내게 내줄 시간은 없나 보군."

만, 사실 그것은 당신이 아내의 사랑을 받고 싶어 하는 욕구의 표현일 수 있다. 마찬가지로 아내가 당신에게 가장 자주 요구하는 것은 그녀의 제1의 사랑의 언어를 발견하는 데 단서가 되어 줄 것이다.

봉사
"왜 나만 주방 청소 상태에
신경을 써야 하는 거지?"

당신의 제1의 사랑의 언어를 발견하는 또 하나의 방법은 아내에게 어떻게

선물
"아내가 여행을 다녀왔는데도 그 흔한 기념
티셔츠 한 장 받지 못했으니, 원……."

사랑을 표현하는지 말과 행동을 살펴보는 것이다. 아내에게 한 일은 결국 당신이 아내에게서 받기를 원하는 것일 수 있기 때문이다. 당신이 꾸준히 아내에게 '봉사'를 한다면(비록 늘 그러지는 못할지라도) 그것이 바로 당신의 사랑의 언어일 수 있다. '인정하

는 말'이 당신에게 사랑을 느끼게 한다면 그런 말을 아내에게 자주 할 것이다. 그러므로 "나는 아내에게 어떻게 사랑을 표현하는가?"라는 질문을 통해 당신의 사랑의 언어를 발견할 수 있다.

스킨십
"내가 무슨 피부병이라도
걸렸다고 생각하나?"

그러한 방법이 당신의 사랑의 언어를 발견할 수 있는 단서는 되지만 절대적 기준은 아니다. 예를 들어, 아버지가 어머니에게 선물하는 것을 보며 자란 아들은 그의 아버지처럼 아내에게 좋은 선물을 주면서 사랑을 표현할 수는 있지만 선물이 반드시 그의 제1의 사랑의 언어는 아니다. 그는 단지 아버지가 하던 것을 그대로 보고 하는 것뿐이다.

아내의 생각은 다르다

"지난 10년간의 결혼 생활을 돌아보면서 내가 피터에게 요구한 것들을 생각해 보니 내 사랑의 언어를 분명히 알게 되었어요. 나는 '함께하는 시간'을 가장 자주 요구했어요. 함께 소풍을 가자든지, 주말여행을 가자든지, TV를 끄고 단 한 시간이라도 대화 좀 하자든지, 산책하러 가자든지, 이렇게 수도 없이 말했죠. 그는 내 요구를 들어준 적이 거의 없어요. 그래서 사랑받는다고 느끼지 못했어요. 그는 생일 같은 특별한 날에 근사한 선물을 주고는 내가 왜 그 선물에 열광적인 반응을 보이지 않는지 의아해하곤 했어요." — 엘리자베스

비판의 소리에 귀 기울이라

사람들은 자신의 가장 깊은 감정적 욕구가 있는 부분에 대해 배우자에게 가장 큰 소리로 비판하는 경향이 있다. 비효과적이긴 하지만 그러한 비판은 사랑을 호소하는 한 가지 방법이다. 일단 그것을 이해한다면 그

비판을 좀 더 생산적인 방법으로 받아들일 수 있다.

당신은 아내에게 비판을 받은 후, "당신에게 그것이 그토록 중요하군. 왜 중요한지 설명 좀 해줄 수 있겠어?"라고 말할 수 있다. 비판은 가끔 명확한 설명이 필요할 수 있다. 그렇게 대화를 시작하면 점차 명령보다는 부탁으로 바뀌게 된다.

크리스티나는 남편 제프가 여가 시간을 사냥하는 데 보내자 그를 비판하기 시작했다. 그녀는 제프가 친구들과 야외 활동을 하며 피로를 푼다는 것을 안다. 하지만 그녀는 자주 불평을 늘어놓곤 한다. 제프가 사냥하는 데 보낸 시간을 실제보다 부풀려서 말하고, 그가 자기와는 그런 식으로 시간을 보낸 적이 없다고 비판한다.

사실 제프가 사냥하는 것을 크리스티나가 계속 비판한 것은 사냥 자체가 싫어서가 아니다. 청소도 하지 않고, 잔디 깎는 일도 하지 않게 만들기 때문에 싫어한 것이다. 그녀의 사랑의 언어(봉사)를 구사하여 사랑에 대한 욕구를 충족시킨다면, 그녀는 사냥을 향한 제프의 열정을 지지하기 시작할 것이다.

이중 언어 사용자

만약 2가지 사랑의 언어가 비슷하게 느껴진다면, 즉 2가지 언어가 똑같이 크게 와 닿는다면 당신은 사랑의 언어를 이중으로 구사하는 사람일 것이다. 그렇다면 당신은 아내를 좀 더 편하게 해줄 수 있다.

아내가 당신에게 사랑을 전할 때 둘 중의 하나만 선택해도 되기 때문이다.

2가지 언어 중 당신의 제1의 사랑의 언어를 더 분명히 알고 싶다면, 부록에 있는 '5가지 사랑의 언어 검사'를 해보라. 신중하게 답하고, 검사를 마친 뒤에는 결과를 놓고 아내와 함께 토의하라. 아내도 당신의 제1의 사랑의 언어에 대해 같은 생각인지 의견을 들어 보라. 그런 다음 아내도 검사를 해보게 하라.

분명한 답이 나오지 않더라도 포기하지 말라. 자기의 제1의 사랑의 언어를 잘 알 수 없는 두 종류의 사람이 있다. 첫째는 오랫동안 사랑 탱크가 가득 차 있는 사람이다. 아내가 여러 가지 방법으로 사랑을 표현하기에 어떤 방법이 가장 좋은지 본인도 확실히 모를 수 있다. 모두가 이렇다면 얼마나 좋겠는가!

둘째는 너무 오랫동안 사랑 탱크가 비어 있어서 자신이 어떨 때 사랑받는다고 느끼는지 잊어버린 경우다. 이런 상태에 처하게 된 상황은 저마다 다르다. 그러나 이 경우의 사람들은 모두 이 같은 상황이 계속되지는 않을 거라는 믿음을 가지고 있다. 사랑의 언어는 재발견되기까지 잠재해 있을 뿐 사라지지 않는다.

사랑의 언어를 다시 발견하는 가장 좋은 방법은 사랑에 빠졌던 경험을 돌이켜 보며 다음과 같이 자문하는 것이다. "그때 아내의 어떤 면을 내가 좋아했지? 무엇 때문에 그녀와 함께하고 싶다는 생각을 했지?" 이러한 기억들을 되살려 보면 당신의 사랑의 언어를 발견할 수 있는 아이디어가 떠오를 것이다.

이를 염두에 두고 당신이 생각하는 제1의 사랑의 언어를 적어 보라. 그리고 그 외의 4가지 사랑의 언어도 중요하다고 생각되는 순서대로 기록해 보라. 당신이 생각하는 아내의 사랑의 언어도 적어 보라. 또 다른 4가지 사랑의 언어도 중요한 순서대로 열거하라. 아내도 이렇게 해 보라고 하라. 다 적고 나면 서로 추측한 상대방의 사랑의 언어에 대해 함께 이야기해 보라. 그런 다음 각자 자신의 사랑의 언어에 대해서도 이야기해 보라.

사랑의 언어를 더 확실하게 알고 싶다면 아내와 함께 '탱크 점검'이라는 게임을 해보라(114쪽 참고).

이제 어떻게 할 것인가?

앞에서도 언급했듯이 사람들은 대부분 제1의 사랑의 언어가 다른 사람끼리 결혼한다. 당신과 아내도 그런 경우라면 시간을 내서 서로의 차이점에 관해 이야기해 보라.

당신의 제1의 사랑의 언어는 스킨십이고, 아내는 함께하는 시간이라고 하자. 이는 무엇을 의미하는 것 같은가? 가장 실제적인 측면에서 이야기를 시작하라. 예를 들면, 이것은 아내가 당신과 함께 시간을 보내며 사랑을 전하는 것을 가장 자연스럽게 느낄 거라는 의미다. 당신은 키스나 포옹 등 스킨십을 통해 아내에게 사랑을 표현하는 것이 가장 자연스러울 것이다.

여기서 잠시 이야기를 멈추라.

탱크 점검 게임

인원 : 2명(당신과 아내)

횟수 : 3주 동안 일주일에 3번씩

게임 방법 : 두 사람 모두 저녁 시간에 집에 있으면, 아내가 "0부터 10까지 중 당신의 사랑 탱크 수위는 지금 어디를 가리키고 있죠?"라고 물으며 게임을 시작한다. 0은 탱크가 텅 비었다는 뜻이고, 10은 가득 차 있다는 뜻이다. 당신은 사랑 탱크가 어느 정도 차 있는지 0부터 10까지의 숫자를 사용해 대답할 수 있다.

아내는 "어떻게 하면 사랑 탱크를 채울 수 있을까요?"라고 묻는다. 그러면 당신은 그날 저녁 아내가 무엇을 해주면 좋겠는지 말하라. 아내는 최선을 다해 당신의 부탁을 들어줄 것이다.

이번에는 반대로 당신이 어떻게 하면 아내의 사랑 탱크를 채울 수 있는지 묻는다. 이렇게 두 사람 모두 자신의 사랑 탱크가 어느 정도 차 있는지 서로에게 알리면서, 서로의 탱크를 채울 아이디어를 얻을 수 있다.

3주간 이 게임을 해보라. 게임을 하면서 흥미를 느끼게 되고, 이것은 당신의 결혼 생활에서 사랑을 표현하게 하는 재미있는 방법이 될 것이다.

당신과 당신의 아내는 서로 어떤 방식이 자연스러운지 이야기했다. 안타까운 점은 둘 중 누구에게는 자연스러운 방식이 다른 한 사람에게는 효과적으로 사랑을 전하지 못할 수 있다는 것이다. 아내의 사랑의 언어를 유창하게 구사하려면 익숙했던 방식에서 한 걸음 나와야 한다. 당신의 아내도 마찬가지다.

자신이 자연스럽게 느끼는 것보다 아내의 욕구를 더 중요하게 여기는 것은 그 자체로 사랑의 행위라고 할 수 있다. 아내와 더 좋고 견고한 관계를 이루고, 그녀가 진정으로 사랑받는다고 느끼게 하기 위해서라면 무엇이든 할 준비가 되어 있음을 아내에게 나타내 보인 것이다.

이 같은 희생적인 마음, 즉 아내를 위해 기꺼이 익숙한 것에서 벗어나려는 마음을 되새기는 것이 중요하다. 때로 아내가 당신의 사랑의 언어로 소통하려고 하는 모습이 답답하게 느껴진다면, 그 언어는 아내의 모국어가 아니라는 점을 기억하라. 당신의 아내는 당신을 위해 익숙한 것에서 벗어나려고 모험을 감행하는 중이다. 그 노력을 마땅히 알아주고 고맙게 여겨야 한다.

노력하는 아내의 모습이 늘 좋아 보이고, 늘 효율적인 것처럼 보이지는 않을 것이다. 그러나 거기에는 진심이 깃들어 있다. 서로를 더 많이 이해하려고 노력할수록 서로의 사랑의 언어를 더 잘 배울 수 있을 것이다.

당신의 사랑의 언어를 빨리 알고 싶다면?

이 장 전체를 읽을 시간이 없다면 아래 핵심 정보를 참고하기 바란다. 당신의 제1의 사랑의 언어를 발견하려면 다음의 세 가지 질문에 대해 생각해 보라.

1. 아내가 당신에게 깊은 상처를 주는 것은 무엇인가? 그와 정반대되는 것이 바로 당신의 사랑의 언어일 수 있다.

2. 당신이 아내에게 가장 많이 요구하는 것이 무엇인가? 그것이 바로 당신이 사랑을 가장 많이 느끼는 것일 수 있다.

3. 당신은 아내에게 어떻게 사랑을 표현하는가? 그것이 바로 당신이 사랑을 느끼는 것일 수 있다.

08 THE FIVE LOVE LANGUAGES FOR MEN
문제를 해결하는 법

남녀가 첫 데이트를 하자마자 서로의 사랑의 언어를 발견한다면 어떨 것 같은가? 관계가 발전하면서 의사소통에도 능숙해지고 서로를 더 잘 이해하는 사이가 된다면 어떨 것 같은가? 사랑에 빠진 순간부터 상대방의 사랑의 언어를 유창하게 구사하기 위해 노력하고, 결혼할 때쯤에는 두 사람 다 2가지 사랑의 언어를 구사하는 이중 언어 사용자가 된다면 어떨 것 같은가? 이것은 아마 이상적인 세계에서나 가능한 일일 것이다.

당신도 알다시피 우리는 이런 세상에 살고 있지 않다. 우리는 뉴욕 양키스가 86년 동안 27번이나 우승을 차지하고, 시카고 컵스가 100년이 넘도록 단 한 번도 우승하지 못한 세상에 살고 있다.

많은 커플이 서로의 사랑의 언어에 대해 생각해 보기도 전에 흥분과

설렘이라는 연애 감정에 빠져 결혼에 이른다. 결혼 후에는 분주한 일상에 쫓겨 서로의 사랑의 언어를 배울 시간도 에너지도 줄어들기 시작한다. 그래서 각자 자신들이 아는 사랑의 언어를 사용하며 그들이 할 수 있는 일을 한다. 최선의 결과를 바라면서 말이다.

그러나 불행히도 희망을 품는다고 하여 그들 앞에 펼쳐진 많은 문제, 즉 짜증스러운 일이라든가 실수, 좌절, 두려움, 불만, 권태, 성격 차이, 유혹, 후회, 걱정 등의 문제가 저절로 해결되지는 않는다.

시간이 지나면서 그들은 이제까지 고수해 온 방식이 더는 효과적이지 않다는(과연 효과적인 적이 있었는지는 모르겠지만) 사실을 깨닫게 된다. 최선을 다하지만 아무리 애를 써도 배우자를 만족하게 하지 못한다. 결혼에 이르게 한 사랑의 감정이 점차 사라지고, 결혼사진 속 그 반짝이는 눈망울을 한 다정한 신혼부부는 어디로 갔는지, 닮은 점이라곤 거의 없는 현재의 두 사람만 남는다.

말로 표현하든 표현하지 않든 이혼만은 하고 싶지 않다면, 문제를 해결하기 위해 다음 2가지 방법 중 하나를 선택해야 한다.

첫 번째는 기대를 낮추고 지금 상황을 받아들이기로 선택하는 것이다. 서로 사이가 멀어지고 있어도 여러 가지 이유로 그래도 함께 살기로 선택할 수 있다. 예를 들면, 다음과 같은 이유를 들 수 있다.

자녀를 위해 결혼 생활을 유지한다.

함께 사는 게 따로 사는 것보다 덜 피곤하고 비용도 적게 든다.

딱히 서로를 미워하는 게 아니다.

삶의 급격한 변화가 두려워 이를 피하고자 한다.

두 번째는 두 사람의 관계에서 잘못된 부분을 살펴보고 바로잡기 위해 노력하기로 선택하는 것이다. 현재 상황에 안주하지 않고, 서로에 대한 사랑과 애정을 전할 새롭고 창의적인 방법들을 발견해 나가야 한다.

잘못된 상황 바로잡기

두 번째 선택이 더 낫긴 하지만 확실히 쉬운 방법은 아니다. 두 사람의 관계에 이미 금이 갔다면 더욱 그럴 것이다. 물론 모든 결혼 생활에는 우여곡절이 있다. 그러나 어떤 결혼 생활은 부부가 상상했던 것만큼 그리 좋지도 않고, 어떨 때는 어떻게 이럴 수 있을까 싶을 만큼 안 좋은 상황이 상상 이상으로 오래가기도 한다.

시간이 지나면 이런 상황과 이 상황을 일으킨 사건들이 결혼 생활에 악영향을 끼친다. **과거의 불화와 실수는 친밀감을 형성하는 데 방해가 된다.** 지난날 감정싸움 때문에 생긴 상처는 낯선 사랑의 언어로 대화하

는 것은 고사하고 당장 그날 일을 의논하는 것조차 힘들게 한다.

사랑 탱크가 바짝 말라 버린 상태에서 부부는 그 안에 분노와 적의가 쌓여도 가만히 둔다. 그렇게 되면 문제는, 두 사람이 함께 만들어 낸 감정의 지뢰밭을 어떻게 지나가느냐 하는 것이다.

두 사람은 격렬한 말다툼과 후회스러운 선택, 해결되지 않은 문제들과 조용한 적의의 세월을 어떻게 쌓아 가기 시작했는가?

그들은 그렇게 하기로 선택했다. 그들은 친밀감을 형성하는 데 방해되는 것들을 선택했듯이 서로를 비판하는 말을 선택했다. 감정에 따라 행동하기로 선택했다. 다른 것들을 그들의 관계보다 우선시하기로 선택했다. 사랑을 선택할 수 있었는데 말이다.

적절한 말

그 당시에는 괜찮을 거라고 생각했지만 지금은 그리 자랑스럽게 여기지 않는 선택을 했다고 하자. 그리고 그 선택으로 부부 사이가 엉망이 되었다고 하자. 어떻게 하는 것이 좋을까?

첫째, 누구도 당신이 그런 선택을 하도록 강요하지 않았음을 알아야 한다. 당신은 결혼 생활에 더 유익한 것을 선택할 수 있었다.

둘째, 용기를 내어 아내에게 이렇게 말하라. "미안해. 내가 당신에게 상처를 주었다는 걸 알아. 하지만 앞으로는 달라질 거야. 당신의 사랑의 언어를 말하고, 당신의 욕구를 채워 줄 거야." 나는 부부가 사랑을 선택할 때 이혼의 벼랑에서 벗어나는 경우를 많이 보았다.

사랑은 과거를 지워 주지는 않지만 미래를 변화시킬 수 있다. 우리가 아내의 사랑의 언어로 사랑을 적극적으로 표현하기로 선택하면, 과거의 갈등과 실패를 다룰 수 있는 감정적 분위기가 조성된다.

사랑은 어떻게 되었는가?

브렌트가 딱딱하게 굳은 표정으로 내 사무실에 앉아 있었다. 자발적으로 상담을 받으러 온 것이 아니라 내가 요청해서 온 터였다. 일주일 전에 그의 아내인 베키가 같은 의자에 앉아 눈물을 흘렸었다. 그녀는 눈물을 쏟으면서도 남편이 자기를 더는 사랑하지 않으며 그가 이별을 통보해 왔다고 가까스로 설명을 마쳤다. 그녀는 반쯤 넋이 나간 듯했다.

마음의 평정을 되찾은 후, 그녀가 말했다. "우리 부부는 지난 2, 3년간 경력을 쌓기 위해 열심히 일했어요. 예전처럼 많은 시간을 함께하지는 못했지만 우리가 공동의 목표를 위해 노력하고 있다고 생각했어요. 나는 그가 도대체 무슨 말을 하고 있는지 이해할 수 없어요. 그는 늘 친절하고 다정한 사람이었거든요. 아이들에게도 참 훌륭한 아버지예요. 그런데 그가 어떻게 우리에게 이럴 수 있죠?"

12년간의 결혼 생활 이야기에 귀 기울였다. 이전에도 여러 번 들었던 이야기다. 두 사람은 달콤한 연애 기간을 거쳐 사랑의 감정이 절정에 달했을 때 결혼했다. 결혼 초에는 누구나 겪는 적응 기간을 거쳤고, 함께 꿈을 추구하며 살아왔다. 시간이 흐르면서 사랑에 빠졌던 감정에서 서서히 벗어나게 되었지만 아직 서로의 사랑의 언어를 충분히 배우지는 못한 상태였다. 베키는 지난 몇 년 동안 사랑 탱크가 반쯤 찬 상태였지만 모든 것이 잘되고 있다고 생각할 만큼의 사랑 표현을 받았다.

그러나 브렌트의 사랑 탱크는 텅 비어 있었다. 그의 겉모습은 베키와 완전히 대조적이었다. 베키는 눈물을 주체하지 못했으나 그는 아주 냉정했다. 그러나 그도 일주일이나 한 달 전에는 마음속으로 많은 눈물을 흘렸겠다는 인상을 받았다. 브렌트의 이야기를 들어 보니 내 짐작이 옳았다.

"나는 이제 그녀를 사랑하지 않습니다. 꽤 오랫동안 사랑하지 않았어요. 그녀에게 상처를 주고 싶지는 않아요. 우리는 그다지 가깝지 않습니다. 우리 관계는 공허할 뿐입니다. 그녀와 함께 있는 것이 기쁘지 않아요. 대체 어찌 된 일인지 잘 모르겠어요. 이렇게 되지 않았더라면 좋았겠지만 그녀에게 아무런 감정이 없습니다."

브렌트는 수많은 남편이 생각하고 느끼는 것들을 경험하는 중이었다. '이젠 그녀를 사랑하지 않아.'라는 마음은 남성에게 감정적 자유를 주어 다른 사랑의 대상을 찾게 한다. 여성도 똑같이 그렇게 한다.

두 사람이 사랑에 빠질 때

나 자신도 그랬기에 브렌트에게서 연민을 느꼈다. 나도 내면이 텅 빈 것 같고, 누구에게도 상처를 주기 원하지 않지만, 감정적 욕구 때문에 결혼 관계 밖에서 사랑을 찾고 싶었던 적이 있다. 다행히 나는 결혼 초기에 사랑에 빠지는 경험과 사랑받는다고 느끼고 싶어 하는 '감정적 욕구'와의 차이를 발견했다. 지금도 대부분의 사람들은 그 차이를 잘 모른다.

사랑에 빠지는 경험은 사실상 본능에서 비롯된 일이다. 미리 계획된 것이 아니며 남자와 여자와의 정상적 관계 속에서 생긴다. 그것은 생길 수도 사라질 수도 있지만 의식적 선택으로 생겨나지는 않는다. 그 기간은 아주 짧고(보통 2년 이하), 인간에게 기러기들의 짝짓기 구애와 같은 기능을 한다.

사랑에 빠지는 경험은 일시적으로 사랑에 대한 욕구를 충족시켜 준다. 누군가가 나를 아끼고 좋아하고 인정해 주는 느낌을 갖게 한다. 누군가가 나를 '바로 그 사람'으로 여기면 오로지 우리의 관계를 위해 기꺼이 시간과 에너지를 쏟는다는 생각에 감정이 한껏 고조된다. 그 기간이 얼마나 지속되는가에 상관없이 아주 잠깐이긴 하지만 사랑에 대한 우리의 감정적 욕구가 충족된다. 사랑 탱크가 가득 찼으니 세상도 정복할 수 있다. 불가능한 것은 없다. 대부분의 경우 사랑 탱크가 이렇게 가득 찬 경험은 평생 처음이다. 그래서 그 느낌에 도취된다.

그러나 시간이 흐르면서 한껏 부풀어 올랐던 감정이 차츰 가라앉고 현실 세계로 돌아온다. 아내가 사랑의 언어를 배워 구사하면 사랑에 대한 욕구는 계속해서 충족될 것이다. 반대로 사랑의 언어를 구사하지 않으면 사랑 탱크가 서서히 바닥을 드러내고, 이제 더는 사랑받는다고 느끼지 못할 것이다.

배우자의 욕구를 충족시키는 것은 분명 우리의 선택이다. 내가 아내의 사랑의 언어를 배워 자주 사용하면 그녀는 계속해서 사랑받는다고 느낄 것이다. 그녀가 사랑에 빠진 경험에서 벗어나기 시작해도 계속 사랑 탱크가 채워져 있기 때문에 그때를 그리워하지 않는다. 그러나 아내의 사랑의 언어를 배워 사용하지 않으면 감정의 절정에서 벗어날 때 그녀는 자연히 충족되지 못한 감정적 욕구를 가지게 된다. 그렇게 사랑 탱크가 텅 빈 채로 살다 보면 다른 사람과 '사랑에 빠질' 수 있으며, 그런 사이클이 다시 시작될 것이다.

사랑에 대한 아내의 욕구를 충족시키기 위해 나는 매일 선택한다. 내가 그녀의 제1의 사랑의 언어를 알아 그것을 사용하기로 선택하면, 그녀의 깊은 감정적 욕구가 충족되어 나의 사랑에 안정감을 느낄 것이다. 그녀도 내게 똑같이 한다면 나의 감정적 욕구도 충족되어 둘 다 사랑 탱크가 가득 찬 상태로 살 것이다. 감정적으로 안정되면 결혼 생활은 활기차고 성숙해질 것이며, 그 외의 일에도 창의적 힘을 기울이게 된다.

사랑 탱크가 텅 빈 채로 지내기

나는 마음속으로는 이런 생각을 하면서 무표정한 얼굴을 하고 있는 브렌트를 바라보며 어떻게 도울 것인지 생각해 보았다. 그가 이미 다른 사람과 사랑에 빠졌다는 것을 나는 눈치챘다. 아직 시작 단계인지 아니면 이미 깊이 빠진 상태인지 궁금했다. 텅 빈 사랑 탱크로 고통받는 남자는 다른 곳에서 그 사랑이 충족될 것 같으면 곧 결혼 관계를 벗어난다.

브렌트는 다른 여인을 사랑하게 된 지 몇 달 되었다고 솔직하게 털어놓았다. 그는 그 감정이 빨리 사리지고 아내와의 문제가 잘 해결되길 원했다. 그러나 상황은 더 나빠지기만 하고 다른 여인과의 사랑은 더욱 깊어졌다. 그는 새 애인 없이 살아간다는 것은 상상할 수조차 없는 지경에 이르렀다.

나는 딜레마에 빠진 브렌트가 안타까웠다. 그는 아내와 자녀들에게 상처를 주고 싶지 않지만 자신도 행복한 삶을 살 자격이 있다고 생각했다. 나는 새 애인과 다시 결혼한다 해도 또 실패할 수 있다고 말했다. 그는 깜짝 놀라긴 했으나 자신은 다를 거라고 장담했다. 이혼이 자녀들에게 어떤 영향을 미치는지 이야기했지만, 그는 계속 자신은 좋은 아버지가 되어 줄 것이며 아이들도 이혼의 충격을 잘 극복할 것이라고 확신했다.

나는 이 책에서 다루고 있는 주제에 관해 이야기하며 사랑에 빠지는 경험과 사랑받고 싶은 감정적 욕구가 어떻게 다른지 그 차이점을 설명해 주었다. 5가지 사랑의 언어도 설명하면서 아내와의 관계를 개선하기 위해 다시 한 번 노력해 보라고 설득했다.

하지만 나는 내가 아무리 결혼에 대해 합리적인 이야기를 해주어도 그에게는 아무 소용이 없다는 것을 느꼈다. 그는 나에게 걱정해 주어서 고맙다고 하며 최선을 다해 베키를 도와달라고 부탁했다. 하지만 두 사람의 결혼 생활은 희망이 없다고 단언했다.

한 달이 지난 후, 브렌트에게서 전화가 걸려 왔다. 그는 다시 나를 만나고 싶어 했다. 그가 내 사무실에 들어섰을 때 눈에 띄게 초췌했다.

그는 내가 전에 만났던 그 침착하고 차분한 사람이 아니었다. 그의 애인이 감정의 절정에서 벗어나면서 브렌트에게서 자신이 좋아하지 않는 면을 발견하기 시작했다. 그녀는 브렌트를 멀리하기 시작했고, 그는 절망했다. 그는 눈물을 흘리며 그녀가 자신에게 얼마나 소중한 존재인지, 그녀에게 거절당하는 것이 얼마나 힘든지 이야기했다.

그는 한 시간가량 그렇게 하소연을 한 뒤 내게 조언을 구했다. 나는 힘들어하는 그를 위로하면서 지금 그가 겪고 있는 슬픔은 애인과 헤어져서 느끼게 되는 자연스러운 감정이며, 하룻밤 사이에 사라지지 않을 것이라고 말해 주었다. 그렇지만 그것은 피할 수 없는 일이라고 설명했다. 사랑에 빠지는 경험은 일시적인 것으로 조만간 황홀한 감정에서 나와 현실 세계로 돌아오게 된다고 말해 주었다. 어떤 사람은 결혼하기 전에 그러한 상황에서 벗어나기도 하고, 어떤 사람은 결혼 후에 그렇게 되기도 한다. 그는 나중에 그런 것보다 지금 그렇게 된 것이 낫다는 데 동의했다.

잠시 후 나는 위기에 빠진 지금이 그와 아내가 결혼 생활 상담을 받을 적기라고 말해 주었다. 오래 지속되는 진정한 사랑은 의지적으로 선택할 수 있으며, 그와 아내가 정확한 사랑의 언어로 서로를 사랑하는 법을 배운다면 다시금 진정한 사랑이 찾아올 것이라고 했다. 그는 결혼 생활 상담을 받기로 했다.

9개월이 지난 후 그들은 결혼 생활을 회복하여 내 사무실을 떠났다. 3년 후 브렌트를 다시 만났는데, 그는 정말 행복한 결혼 생활을 하고 있었고 위기의 순간에 자신을 도와줘서 정말 고맙다고 했다. 새 애인을 잃어 슬펐던 감정은 2년을 넘기지 못했다고 말했다. 그는 미소를 지으며 "나의 사랑 탱크가 지금처럼 가득 찬 적은 없었던 것 같아요. 베키는 지금 세상에서 가장 행복한 여인이랍니다."라고 말했다.

다행히 브렌트는 사랑에 빠지는 경험이 얼마나 불균형적인지 경험했다. 즉, **두 사람이 동시에 사랑에 빠지는 일은 거의 없으며, 또한 그 사랑에서 동시에 벗어나지도 않는다는 것이다.** 이 진리를 발견하기 위해 우리가 사회학자가 될 필요는 없다. 그냥 컨트리 음악을 한 시간만 들어 보라. 브렌트의 애인은 적절한 시기에 사랑에서 벗어나 준 것이다.

새로운 사랑의 언어에 익숙해지기

9개월 동안 브렌트와 베키를 상담하면서 우리는 그들이 이제까지 해결하지 못하던 많은 문제를 풀어 나가야 했다. 그러나 그들이 **결혼 생활을 회복하는 데 열쇠는 서로의 사랑의 언어를 배우고 그것을 자주 사용하는 것이었다.**

"배우자의 사랑의 언어가 부자연스럽게 느껴지면 어쩌죠?"

결혼 생활 세미나를 하다 보면 종종 이런 질문을 받곤 한다. 그러면 나는 "그럼 어떡할 건데요?"라고 대답한다.

내 아내의 사랑의 언어는 봉사다. 나는 아내에게 사랑을 표현하기 위해 정기적으로 청소기를 돌리곤 한다. 청소하는 일이 내게 자연스러울 것 같은가? 나의 어머니는 늘 내게 청소를 시키셨다. 나는 중고등학교 시절 토요일에 집 안 청소를 끝내지 않으면 공을 차러 나갈 수 없었다. 그때 나는 '여기서 벗어나기만 하면 절대 청소하지 않을 거야. 아내가 하도록 해야지.'라고 다짐하곤 했다.

그러나 나는 지금 정기적으로 집 안 청소를 하고 있다. 내가 청소를 하는 이유는 단 하나, 바로 사랑 때문이다. 아무리 돈을 많이 준다고 해도 하고 싶지 않은 일이지만 사랑을 위해 청소를 한다. 자연스럽게 되지 않는 행동을 하는 것이 더 큰 사랑을 나타내 보인다. 내 아내는 내가 집 안 청소를 하는 것은 100% 순수하고 완전한 사랑의 표현임을 안다. 그것 때문에 나는 모든 면에서 신뢰를 받는다.

어떤 사람이 말했다. "채프먼 박사님, 그건 달라요. 내 아내의 사랑의 언어가 스킨십인 것을 아는데, 나는 접촉하는 것이 어색합니다. 아버지와 어머니가 서로 포옹하시는 것을 한 번도 본 적이 없어요. 부모님은 나를 안아 주지도 않으셨어요. 그래서 스킨십에 익숙하지 않아요. 어떻게 하면 좋을까요?"

당신은 두 손이 있는가? 두 손을 모을 수 있는가? 그 안에 당신의 아내가 있다고 상상하고 당신 쪽으로 끌어당겨 보라. 장담하건대 3천 번만 그렇게 해보면 자연스럽게 느껴질 것이다.

그러나 궁극적으로는 **자연스럽다거나 부자연스럽다는 것이 문제가 아니다.** 우리는 사랑에 대해 이야기하고 있다. 사랑이란 다른 누군가를 위해 하는 것이지 나를 위해 하는 것이 아니다. 우리는 보통 매일 '자연스럽게' 느껴지지 않는 일을 한다. 아침에 침대에서 빠져나오는 일부터 생각해 보라. 우리는 더 자고 싶지만 침대에서 나온다. 왜 그러는가? 그렇게 할 가치가 있기 때문이다. 그날이 저물기 전에 아침에 일어나기를 잘했다고 생각하게 된다. 행동이 감정보다 중요한 것이다.

사랑도 마찬가지다. 아내의 사랑의 언어를 알아내고 그것이 자연스럽든지 부자연스럽든지 사용하기로 선택한다. 편하고 신나는 기분이 들지 않을 수도 있지만 오직 아내를 위해 그렇게 하기로 한 것이다. 아내의 감정적 욕구를 채워 주고 싶어서 그녀의 사랑의 언어를 말하는 것이다. 그렇게 할 때 아내의 사랑 탱크가 가득 차서 그녀도 당신의 사랑의 언어를 구사하게 될 것이다. 그러면 감정이 되살아나고 당신의 사랑 탱크도 채워지기 시작할 것이다.

사랑은 선택이다. 둘 중 누구라도 오늘 당장 시작할 수 있다.

THE FIVE LOVE
LANGUAGES
FOR MEN

09 THE FIVE LOVE LANGUAGES FOR MEN
분노를 다스리는 법

분노를 그냥 두면 오래도록 사랑이 잘 소통되지 않을 수 있다. 아내에게 진정한 사랑과 애정을 전하려면 먼저 다음의 2가지 지침을 실행해야 한다.

- 갈등을 일으키기 쉬운 문제들을 다뤄야 한다.
- 분노를 느낄 때 이를 다스릴 효과적인 계획을 세워야 한다.

이 장에는 당신과 당신의 아내가 분노를 다스리는 데 도움이 될 만한 도구와 전략이 담겨 있다. 이는 두 사람의 관계를 더욱 견고히 해줄 것이다.

"나는 결혼 전에 화를 내본 적이 없습니다." 댄은 장밋빛 안경을 통해 총각 시절을 되돌아보았다. 그러면서 그는 그의 아내 사라가 화를 돋운 거라고 확신했다. "사라가 어떤 말을 하거나 그녀 특유의 묘한 표정으로 바라보면 화가 나요."

사라가 냉소적으로 질문을 던질 때면 댄은 화가 치밀었다.

아내가 만일 "당신이 잔디를 깎을래요, 아니면 친정아버지에게 부탁할까요?"라고 물으면 남편은 뭐라고 대답해야 하는가?

댄에게 이런 질문은 최악으로 느껴지지도 않았다. 때로 사라는 머리를 한쪽으로 기울이고는 댄을 빤히 쳐다보았다. "그 표정이 수천 가지 욕설보다 더 끔찍해요. '당신과 결혼한 게 유감이야.'라고 하는 게 느껴지거든요." 댄이 내게 털어놓았다.

그는 사라가 자신의 자존감에 상처를 입혔기 때문에 화가 났던 것이다. **우리는 사랑받고, 인정받고, 존중받고 싶어 한다. 비판받으면 방어적으로 반응하게 된다.** 사라는 댄의 인격이 아니라 '행동'을 비판한 것이라고 주장할 수도 있다. 그러나 우리의 행동은 우리의 일부이기에 구분하기가 쉽지 않다. 댄의 내면 깊은 곳에서는 이런 목소리가 들려 왔다. '아내가 나를 깎아내리는 것은 옳지 않아.'

사라의 말투로 보면 그녀 또한 화가 난 게 분명했다. 그녀는 댄이 집안일을 공평하게 분담하지 않는다고 생각했다. 그가 체육관에 가 있는 동안에는 잔디가 더 빨리 자라는 것만 같았다. 그녀가 쓰레기를 버리는 동안 댄은 TV를 보았다. 자신이 바래 왔던 자상한 남편의 모습이 결코 아니었다.

댄과 사라의 상황이 특별한 것은 아니다. 결혼한 부부들은 누구나 분노의 문제를 다루게 된다. 물론 부부가 서로에게 화가 나는 것은 있을 수 있는 일이다. **분노를 느끼는 것 자체는 문제가 아니다.** 많은 부부가 분노를 생산적인 방식으로 처리하는 줄 모른다는 것이 문제다. 그들은 분노에 찬 말을 퍼부으며 상황을 더 나쁘게 만든다. 아니면 속으로 화를 삭이다가 사이가 점점 멀어진다.

어렸을 때 날씨 때문이 아니라 부모님이 서로에게 화를 내는 바람에 나들이를 망친 적이 있는가? 화를 다스리는 법을 배우지 못한 부모님이 언쟁을 벌여 생일이 엉망이 된 적이 있는가? 험악한 집안 분위기에 휩쓸려 휴일을 비참하게 보낸 적이 있는가?

불행히도 결혼한 성인들 대부분은 분노를 다스리는 법을 배우지 못했다. 그 결과, 결혼 생활은 마치 전쟁터와 같은 모습이 되고 말았다. 상대방이 먼저 싸움을 걸어 왔다고 서로를 비판하는 일이 벌어지곤 한다. 분노를 다스리는 법을 배우기 전에는 절대 만족스러운 결혼 생활을 영위하지 못할 것이다. '절대'라고 말하는 이유는, **사랑과 통제되지 않은 분노는 함께 존재할 수 없기 때문이다.** 사랑은 배우자의 행복을 바라는 것이지만, 통제되지 않은 분노는 상처만을 남길 뿐이다.

분노를 다스리는 6가지 열쇠

좋은 소식은 부부가 분노를 확실하게 다스리는 법을 배울 수 있다는 것이다. 결혼 생활을 잘해 나가려면 반드시 배워야 할 부분이다. 배우는 과정이 쉽지는 않겠지만, 그 결과는 분명 그것이 노력할 만한 가치가 있음을 증명해 줄 것이다.

분노를 다스리는 법은 다음과 같이 6단계로 이루어진다.

1. 분노의 실체를 안다.

두 사람이 결혼해서 함께 생활하다 보면 어쩔 수 없이 서로에게 화가 날 때가 있다. 분노에는 배우자의 잘못으로 인한 '정당한' 분노가 있고, 오해에서 비롯된 '왜곡된' 분노가 있다. 부부들은 대부분 두 유형의 분노를 다 자주 경험한다. 인간은 불완전한 존재이므로 삶에서 분노를 느끼게 된다. 분노 자체는 도덕적으로 잘못된 것이 아니다. 도덕적인 차원에서 분노를 느끼는 것은 우리가 공정함과 정의에 관심이 있다는 증거다. **무언가 부당하**

분노를 느끼는 것은 인간적인 것이다.

다고 느껴질 때 화가 나는 것은 인간의 자연스러운 반응이다. 그러므로 화가 난다고 해서 무조건 자신을 비판할 필요는 없다. 화가 난 것을 부인할 필요도 없다. 결코 수치스러운 일이 아니기 때문이다.

배우자에게 분노를 느끼도록 허용하는 것은 곧 인간이 될 권리를 허용하는 것이라고 할 수 있다. 이는 분노를 다스리는 법을 배우기 위한 출발점이다.

2. **자신이 화가 났다는 것을 배우자에게 알린다.**

   화가 나면 화가 났다는 것을 아내에게 알리라(혹은 아내가 화가 나 있다면 그녀가 자신의 기분을 말하게 하라). 배우자가 내 기분을 알아줄 거라는 기대는 접으라. 시간 낭비일 뿐이다. 기대한다고 해서 정답이 나오는 것은 아니다.

아내에게 화가 났다면 아내가 당신 생각에 적절하지 않은 말과 행동을 했기 때문이다. 당신이 기대하던 것을 하지 않았기 때문일 수도 있다. 어쨌든 당신이 생각하게 그녀는 잘못을 한 것이다. 그녀는 당신에게 불친절했고, 불공평했다. 불쾌하게 굴었다.

그 순간 당신의 분노를 촉발한 사건은 두 사람 사이에 장벽을 만들었다. 이 사실을 아내에게 알려야 한다. 그녀가 자신이 알지도 못하는 문제를 해결할 수는 없기 때문이다.

남편과 아내는 서로가 언제, 왜 화가 났는지 알 자격이 있다. 서로에게 이것을 알려 준다면 분노를 생산적인 방식으로 해결하기 위해 중요한 한 걸음을 내디딘 것이다.

3. **언어적으로나 신체적으로 상대방을 공격하는 것은 분노에 대한 적절한 대처 방법이 아니라는 것을 안다.**

건강하지 못한 방식으로 분노를 표출하는 것은 파괴적인 결과를 불러오므로 적절한 행동으로 받아들여서는 안 된다. 당신과 당신의 아내가 이에 동의한다고 해서 다시는 화를 내지 않으리라는 말이 아니다. 이런 방식으로 화를 내는 게 잘못된 반응이라는 사실을 받아들이기로 했다는 뜻이다. **분노를 표출하면 상황이 더 나빠지기 마련이다.** 분노를 촉발한 사건을 건설적으로 다루려면 그러한 폭발로 생긴 감정의 잔해들을 처리해야 한다.

화내는 습관을 깨뜨리는 실제적인 방법은, 당신과 당신의 아내 중 한 사람이 화를 내려고 하면 다른 한 사람이 방을 나가는 것이다. 분노를 계속 표출하면 집 밖으로 잠시 나온다. 상대방의 화가 멎을 때까지 계속해서 이렇게 한다.

당신과 아내 모두 이러한 전략에 동의한다면, 둘 중 한 사람이 방이나 집

밖을 나갈 때가 바로 화내는 것을 멈추고 상황을 돌아봐야 할 때임을 알게 될 것이다. 밖에 나갔던 배우자가 돌아올 때쯤 화가 난 배우자가 평정심을 되찾고 겸허하게 다음과 같이 말할 수 있으면 이상적일 것이다. "미안해. 화를 낸 건 내 잘못이야. 너무 속이 상하고 화가 나서 잠시 통제력을 잃었던 것 같아. 용서해 줘." 통제력을 잃었던 잠깐의 시간이 지난 후 두 사람이 화해한다면, 분노를 촉발한 문제에 관해 이야기할 수 있을 것이다.

4. 판단하기에 앞서 설명을 구한다.

아내에게 화가 났다면 처음에는 그녀의 행동이 잘못되었다고 생각할 것이다. 그러나 아내의 이야기를 들어 보기 전에는 그렇게 확신해서는 안 된다. 우리는 너무 쉽게 다른 사람의 말과 행동을 오해하기 때문이다.

아내가 당신이 사다 달라고 했던 우유를 사 오지 않았다고 하자. 잊어버리지 않도록 메모까지 했으면서도 말이다. 그러면 당신은 바로 그녀의 무책임한 모습에 화를 낼 것이다. 그러나 가게에 우유가 다 떨어져서 사 오지 못한 거라면 어떻할 것인가? 아내가 직장 동료를 집에 데려다주느라 가게가 있는 길을 지나온 거라면 어떻할 것인가? 저녁 식사 시간에 우유가 필요한 것이 아니어서 나중에 딸아이를 체육관에서 데려올 때 사오려고 했던 거라면 어떻할 것인가? 모두 다 있을 법한 일이 아닌가? **진심으로 설명을 구하고자 한다면 아내의 처지에서 생각해 보기 전까지는 판단을 유보해야 한다.**

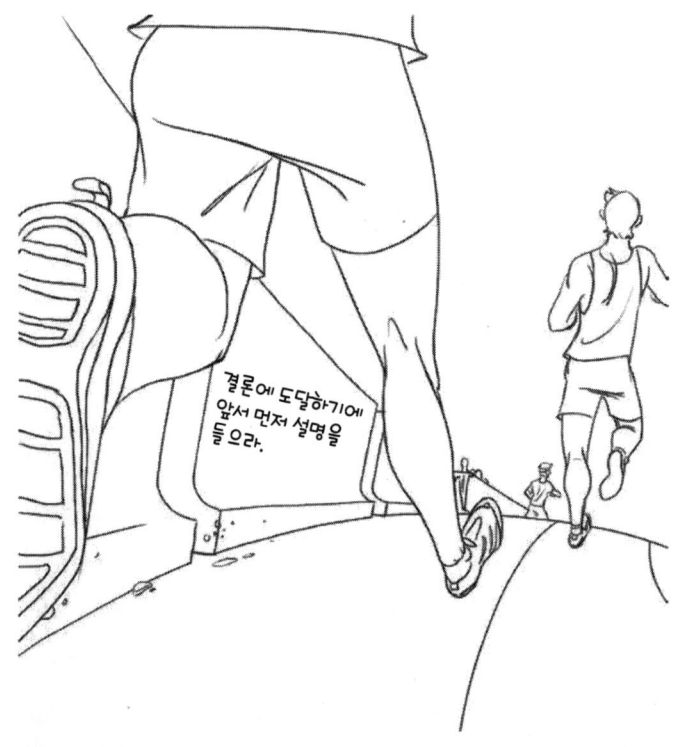

로브는 아내가 전화기에 대고 누군가가 예정보다 시간이 늦어져서 정말 견디기 힘들었다고 말하는 것을 들었다. 그는 몹시 화가 났다. 그는 정시에 도착하려고 최선을 다했고, 겨우 2분 늦었기 때문이다. 로브는 아내에게 무슨 일인지 설명해 달라고 했다. 아내는 친구가 예정일보다 2주 늦게 아기를 낳았다고 이야기한 것이었다. 이렇게 위기는 사라졌다.

행동이나 말에 오해의 소지가 있다면 왜 그랬는지 그 동기를 짐작하기가 더욱 어렵다. 동기는 내적인 것이므로 아내가 말해 주지 않으면 절대 알 수 없다. 불행히도 우리는 종종 아무런 근거 없이 아내에게 특정한 동기가 있을 거라고 오해하곤 한다.

조너선은 아내를 오해할 수도 있는 상황이었지만 현명하게 대처했다. 그는 이렇게 말했다. "내가 잘못 봤는지도 모르겠어. 그래서 물어보는 거야. 영수증을 보니 당신이 백화점에서 300달러를 쓴 것 같던데, 어떻게 된 일이야? 빚을 다 갚기 전에는 서로 의논하지 않고 100달러 이상을 쓰는 일이 없도록 하기로 했잖아."

그러자 그의 아내 베서니가 대답했다. "아, 여보, 무슨 일인지 얘기해 줄게요. 우리 부서의 베시가 회사를 그만두게 되어서 직원들이 돈을 모아 선물을 하기로 했거든요. 그런데 마침 내가 점심때 백화점에서 진저를 만날 일이 있었기 때문에 내 카드로 선물을 사게 된 거예요. 직원들이 20달러씩 걷어서 내게 줬어요. 지갑 속에 300달러가 있어요." 조너선은 지갑에 그 돈이 들은 걸 확인하고는 화가 가라앉았다.

5. 분노를 해소할 방법을 찾는다.

조너선은 베서니의 설명을 듣자 곧 화가 풀렸다. 그러나 모든 분노가 다 해소되기 쉽지는 않다. 모든 사건이 다 오해에서 비롯된 것으로 판명되지

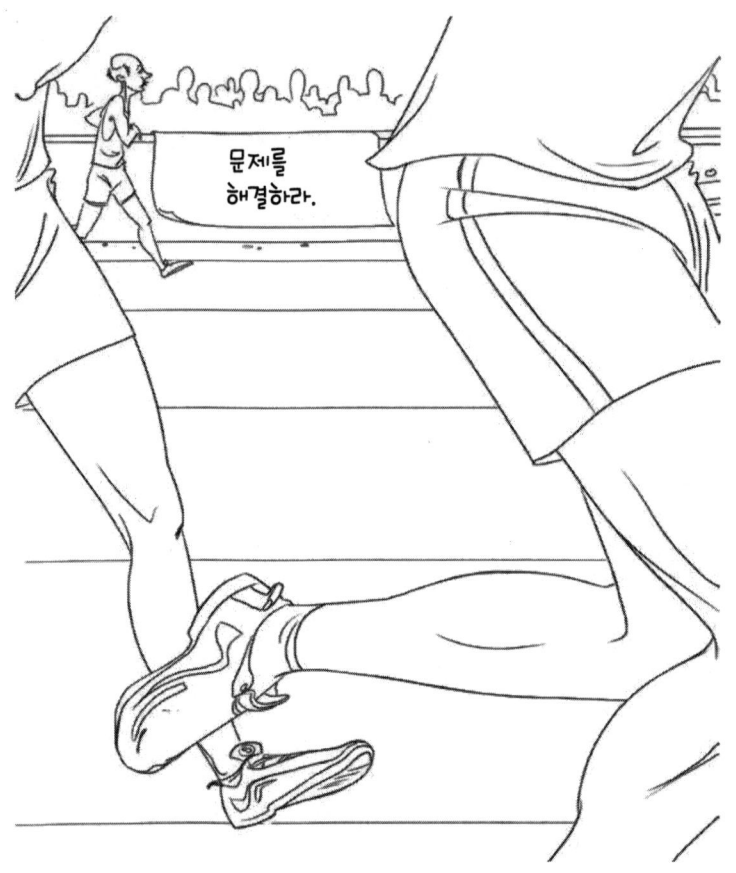

문제를
해결하라.

는 않는다. 베서니가 100달러가 넘는 물건은 서로 의논하지 않고 사는 일이 없도록 하자는 데 동의해 놓고서는, 약속을 어기고 실제로 300달러짜리 물건을 샀다고 하자. 그리고 조녀선에게 이렇게 말했다고 하자. "하지만 여보, 세일을 했는걸요. 덕분에 200달러를 절약했지 뭐예요. 그건 우리한테 필요한 물건이기도 하고요. 당신이 반대하리라고는 생각지 못했어요."

조녀선은 이렇게 대답한다. "글쎄, 나는 그걸 사는 건 반대야. 그건 있으면 좋지만 꼭 필요한 물건은 아니니까. 그것 없이도 여태 잘 지내 왔잖아. 그리고 기존의 빚에 300달러를 더할 수는 없어. 당신은 약속을 어겼어. 그것은 잘못한 일이라고 생각해."

이런 직접적이고 애정이 깃든 논쟁은 건설적으로 대화하며 문제를 해결해 나갈 수 있도록 해준다.

6. 서로에 대한 사랑을 인정한다.

화가 풀린 뒤에는 서로에게 진심으로 사랑한다고 말하라. 그러면 당신은 "이 일로 우리 사이가 멀어지게 하지는 않겠어."라고 말하는 것이다. 당신

과 당신의 아내는 부부로서 서로의 생각을 들었고, 문제를 해결했다. 그렇게 경험을 통해 배웠고, 모든 것을 함께 해나가는 데 동의했다.

진짜로 잘못한 일이 있다면(남편이나 아내가 불친절하고, 불공평하고, 불쾌하게 굴었다면) 잘못을 시인하고 행동의 변화가 뒤따라야 한다. 상대방은 용서를 베풀어야 한다. 이 사건 때문에 생긴 분노는 남편과 아내가 자신들의 행동을 책임진 그 시점에 다시 잠복기에 들어간다.

그 분노가 왜곡된 분노(오해의 결과)로 밝혀지면 다른 방법을 써야 한다. 오해를 바로잡고 나면 오해한 배우자는 자신의 실수를 인정해야 한다. 그런 다음 부부는 오해한 상황에 관해 이야기하고, 다음에 같은 상황이 또 벌어지지 않도록 그 방법을 미리 생각해 볼 수 있다.

결혼 생활을 성공적으로 해나가려면 분노를 확실하게 해소하는 법을 배워야 한다. 이 6가지 원리에 충실하면 분노를 잘 다스릴 수 있을 것이다.

이유가 더 필요하다면……

분노가 건강에 해롭다는 학계의 증거 :

오하이오주립대학교의 연구 결과에 의하면, 30분간 부부 싸움을 하고 나서 생긴 상처는 몸에 난 상처보다 치유하는 데 하루 또는 그 이상의 시간이 더 필요하다고 한다.

하버드대학교의 연구 결과에 의하면, 분노를 표출하는 노인들은 그렇지 않은 노인들에 비해 심장마비에 걸릴 확률이 3배 더 높다고 한다.

"지금 대화하기 괜찮아?"

마지막으로 한 가지 제안을 하고 이 장을 마치고자 한다. 카드에 다음과 같이 써넣으라.

'나는 지금 화가 나 있지만 걱정하지는 마. 당신을 공격하지는 않을 거야. 하지만 당신의 도움이 필요해. 지금 대화하기 괜찮아?'

이 카드를 욕실 거울이나 눈에 잘 띄는 다른 곳에 붙여 놓으라. 아내에게 화가 나면 되도록 차분히 이 카드에 적힌 문구를 아내에게 읽어 주라. 당장 대화하기 힘들다면 대화할 시간을 따로 정하라.

이 짧은 문구에서 당신은 자신이 화가 난 것을 인정했고, 분노를 폭발시키지 않겠다고 공언했다. 또한, 설명과 대화를 통해 분노를 해소하길 원한다고 마음을 표현했다.

아내와 이 문제에 대해 이야기하려면 이렇게 대화를 시작하라. "내가 오해했을 수도 있다는 걸 알아. 그래서 당신과 대화하려는 거야. 먼저 내가 어떤 기분이고, 왜 그렇게 느끼는지 말할게. 그런 다음 당신이 상황 설명을 해줬으면 좋겠어. 문제를 해결하려면 당신의 도움이 필요하니까." 이렇게 대화를 시작하면 우호적인 분위기가 조성되고 문제 상황에 대해 논의할 수 있을 것이다.

모든 가정에는 이따금 분노가 찾아온다. 그러나 걱정할 필요는 없다. **분노를 친구 삼을 수 있기** 때문이다. 분노는 부부 관계에 중요한 역할을 할 수 있다. 분노는 다른 감정들은 할 수 없는 방식으로 당신과 아내를 이어 줄 수 있다. 분노의 문제를 해결할 때마다 두 사람의 관계는 더욱 견고해질 것이다.

분노 해소를 위한 6단계

분노로 문제가 생기면 아내와 함께 다음의 6단계를 실천해 보라. 문제가 생기기 전에 두 사람의 관계에 이 6단계를 적용하면 효과를 극대화할 수 있을 것이다.

1. **분노의 실체를 안다.**

   당신의 분노가 정당한 것이든 왜곡된 것이든 분노를 경험하고 있다는 사실만으로 자신을 비판하지는 말라. 당신이 화가 났다는 것을 알고 이를 인정하라. 분노 자체는 잘못된 것이 아님을 기억하라.

2. **자신이 화가 났다는 것을 배우자에게 알린다.**

   화가 나면 배우자에게 그 기분을 분명하게 표현하라. 배우자가 당신의 행동을 보고 당신이 화난 이유를 짐작하게 하지 말라. 당신과 당신의 아내 모두 상대방이 화가 나 있다는 사실과 그 이유를 알 자격이 있다.

3. 언어적으로나 신체적으로 상대방을 공격하는 것은 분노에 대한 적절한 대
   처 방법이 아니라는 것을 안다.

   언어적으로든 신체적으로든 상대방을 공격하는 것은 상황을 더 나쁘게
   만들 뿐이다.

4. 판단하기에 앞서 설명을 구한다.

   당신이 잘못된 인상을 받았을 수도 있다. 아내의 말과 행동을 쉽게 오해할
   수 있으므로 결론을 내리기에 앞서 아내의 처지에서 생각해 보라. 아내는
   당신의 오해를 바로잡아 줄 귀중한 정보를 제공해 줄 수 있다.

5. 분노를 해소할 방법을 찾는다.

   아내가 제공한 정보로 상황을 제대로 이해하게 되었다면, 두 사람 모두에
   게 만족스러운 해결 방법을 찾을 준비가 된 것이다. 당신의 분노가 정당
   한 것이라면, 아내는 잘못을 시인하고 행동의 변화를 보여야 한다. 반면에
   당신의 분노가 왜곡된 것이라면, 잘못을 시인하고 행동의 변화를 보여야
   할 사람은 바로 당신이다.

6. 서로에 대한 사랑을 인정한다.

   분노가 해소되면 말로 (그리고 진심으로) 서로에 대한 사랑을 표현하라.

THE FIVE LOVE
LANGUAGES
FOR MEN

10

사과의 기술

당신의 작업대에는 일을 잘할 수 있게 해주는 최상의 도구가 있는가? 손에 쥐면 착 감기고, 해야 할 일이 있을 때면 가장 먼저 찾게 되는 그런 도구 말이다.

농구장에서는 어떤가? 중요한 순간에 경기 흐름을 바꿔 줄 최상의 동작이 있는가? 수비수를 따돌리거나 골을 넣어야 할 때처럼 고도의 집중력이 요구되는 순간 도움이 될 만한 결정적인 동작을 알고 있는가? 골대 근처에서 크로스오버 드리블이라든가 스텝백 3점 슛 같은 것이라도 할 준비가 되어 있는가? 체스를 두는 최상의 전략 또한 알고 있는가? 상대방의 허를 찌를 묘수가 있는가? 최상의 전략이 있으면 패배의 문턱에서도 승리를 거머쥘 수 있다. 최상의 전략은 성공과 실패를 가른다.

앞의 몇 개 장에서 우리는 아내의 사랑의 언어를 유창하게 구사하려는 데 방해가 되는 (그리고 당신의 제1의 사랑의 언어를 유창하게 구사하려는 아내에게 찬물을 끼얹는) 장벽이 무엇인지 이야기했다.

당신은 두 사람 간의 친밀감을 위협할 유혹과 좌절을 막을 수 없다. 이미 내뱉은 심한 말을 다시 주워 담을 수도 없고, 이미 저지른 잘못을 돌이킬 수도 없다. 그러나 한 번의 행동으로(단 한 번의 최상의 동작으로) 관계를 견고하게 하고, 친밀감을 회복하고, 서로의 사랑의 언어를 배우고자 하는 동기를 유발할 수 있다.

아내와 화해하는 것이 목표라면 최상의 동작은 바로 사과다.

사과는 잘만 하면 몇 달, 혹은 몇 년에 걸쳐 두 사람을 힘들게 한 긴장과 갈등, 상한 감정에서 벗어날 수 있게 해준다. 그리고 당신에 대한 아내의 생각(당신을 바라보는 방식)**을 변화시킬 수 있다.** 사과는 그 어떤 말이나 행동보다 더 빨리 두 사람 사이의 장벽을 무너뜨릴 수 있다.

문제는 사과를 잘하려면 어떻게 해야 하느냐다.

사람들은 대부분 사과를 통해 진실성을 기대한다. 즉, 사과가 진실하기를 원한다. 그러나 문제는 진실성에 대한 생각이 각기 다르다는 것이다. 누구는 진실하다고 생각하는 것이 다른 사람에게는 진실하다고 여겨지지 않을 수 있다.

나는 수년간 결혼 생활 세미나와 상담을 해오면서, 5가지 사랑의 언어가 있는 것처럼 **5가지 사과의 언어도 있다**는 사실을 알게 되었다. 대부분의 사람들에게는 한두 가지 사과의 언어가 다른 사과의 언어보다 더 효과적으로 진실성을 전달한다.

아내가 받아들일 만한 사과를 하려면 그녀에게 당신이 진실하다는 것을

잘 전달해 줄 사과의 언어를 사용해야 한다. 이 점을 염두에 두고 5가지 사과의 언어를 살펴보기로 하자.

사과의 언어 #1 유감 표명

유감을 표명하는 것은 사과의 감정적 측면으로, 당신이 한(혹은 하지 않은) 일과 그 일이 다른 사람(이 경우에는 아내)에게 어떤 영향을 미쳤는지에 초점을 맞춰야 한다. **아내에게 유감을 표명하는 것은 그녀에게 깊은 상처를 준 데 대한 죄책감과 수치심, 고통을 인정하는 것이다.**

아내는 당신이 그녀가 느낀 고통 일부를 맛보기 원할 것이다. 꼭 되갚아 주고 싶은 마음이 작용해서 그런 것은 아니다. 단지 그녀가 어떤 심정이었는지 알아주길 바래서다. 진실한 유감 표명의 말은 당신이 그녀의 심정을 알고 있음을 확인시켜 준다.

"미안하다"는 한마디는 우호적인 분위기를 회복시켜 주는 데 효과적일 수 있다. 남편들은 사과할 때 이 마법의 한마디를 빠뜨리고도 알아차리지 못할 때가 종종 있다. 하지만 아내들은 그것을 알아차리지 못하는 일이 절대 없을 것이다. **최상의 전략이 진심으로 미안하다고 말하는 데서 시작되는 것도 그 때문이다.**

물론 진실성은 말로만 알 수 있는 것이 아니다. 보디랭귀지에도 유감의 뜻이 담겨 있어야 한다.

짐은 아내에게 사과하면서 눈물을 흘렸다.

로버트는 유감을 표명할 때 줄곧 아내의 눈을 들여다보았다.

션은 아내에게 미안하다고 말할 때 짜증스럽게 고개를 젓고 눈동자를 굴리며 무거운 한숨을 내쉬었다.

이 중 진실하지 않다고 생각되는 사과는 무엇인가?

사과는 진실해야 할 뿐 아니라 **구체적이어야 한다.** "_____해서 미안해."라고 말해야 한다. 구체적으로 말할수록 아내와 의사소통이 잘되고, 당신이 아내를 얼마나 힘들게 했는지 더 잘 이해할 수 있게 된다. 그러면 같은 잘못을 반복할 확률도 줄어든다.

구체적으로 말하면 당신의 아내도 자신이 어떤 기분인지 명확하게 표현할 수 있게 된다. "나 때문에 아이들 학교 프로그램에 늦어 미안해."라고 하면 아내가 이렇게 대답하며 당신을 놀라게 할 수도 있다. "내가 화가 난 이유는 그래서가 아니에요. 지난 주말 극장에 갔을 때 당신은 늦으면 안 된다고 성화를 부렸어요. 영화를 보러 갈 때는 그렇게 서두르면서 아이들 공연에는 늑장을 부리니 화가 난 거예요."

진실한 사과는 그 자체로 끝나야 한다. **어떤 상황에서도 "하지만……."**

"당신에게 상처 준 거 알아. 당신을 고통스럽게 한 내가 몹시 나쁜 사람 같아. 정말 미안해."

"당신 부모님을 화나게 한 건 미안해. 하지만 당신도 부모님께 잘하는 것 같진 않던데, 뭐."

"당신에게 그런 말을 한 건 미안해. 하지만 내가 원래 말이 좀 거친 편이잖아."

"당신을 절대 실망하게 하고 싶지 않았어. 내가 좀 더 신중했어야 해. 속상하게 해서 미안해.

이라는 말이 뒤따라서는 안 된다("당신이 우리 어머니를 연상시킨다고 말해서 미안해. 하지만 때로 당신은 나를 너무 심하게 몰아붙인다고!"). 아내에게 잘못을 떠넘기는 순간, 당신은 사과를 공격으로 바꿔 버린 것이다. 공격은 절대 용서와 화해를 끌어내지 못한다. 사과한 후 변명을("결혼기념일에 골프 약속을 잡아서 미안해. 하지만 결혼기념일 같은 건 나보다는 당신이 더 잘 기억하잖아.") 늘어놓으면 그 사과는 없던 일이 된다.

아내가 진심을 알아주길 바란다면 '유감 표명'이라는 사과의 언어를 배워야 한다. 당신의 어떤 행동이 아내를 고통스럽게 했는지에 초점을 맞출 수 있어야 한다. 아내의 고통을 알아주면 그녀는 당신을 용서해 줄 것이다.

사과의 언어 #2 책임 인정

어떤 사람은 왜 그렇게 잘못했다는 말을 하기 힘들어하는 걸까? 잘못을 인정하길 주저하는 마음은 자존감과 관련 있을 수 있다. 잘못을 인정하는 것을 연약함으로 여기는 탓이다. 우리는 이런 생각으로 잘못을 합리화한다. '패배자들만이 잘못을 인정하지. 똑똑한 사람들은 자신의 행동이 정당하다는 것을 알리고 싶어 해.' 우리가 한 행동을 그럴듯하게 포장하고 그 이유에 초점을 맞추는 것이다.

이런 합리화는 종종 다른 사람을 비판하는 형태로 나타난다. 우리는 우리가 한 말이나 행동이 꼭 좋거나 나쁘지 않다는 것은 인정하면서, 다른 누군가의 무책임한 행동으로 우리가 그런 행동을 하게 되었다고 지적한다. 잘못을 인정하지 못하고 다른 누군가에게 책임을 전가하는 것이다.

이는 큰 문제가 아닐 수 없다. **잘못을 인정하는 말은 그 자체로 사과의 진실성을 전해 주기 때문이다.** 아내가 이것을 중요시한다면 당신은 반드시 사과할 때 잘못을 인정하는 말을 해야 한다. 그러지 않으면 아내가 당신의 사과를 진실하다고 여기지 않을 것이다. 이 점을 알고 진심으로 사과하면 모든 게 달라질 것이다.

"남편은 자기 잘못을 인정하려 하지 않아요. 잘못을 숨기고 더는 얘기하려 하지 않죠. 내가 얘기하려 하면 '난 기억이 나지 않아. 당신은 왜 그냥 넘어가지 못하는 거야?'라고 말할 거예요. 남편이 아무 잘못도 하지 않은 것처럼 굴 때는 그냥 넘어가기가 정말 힘들어요. 단 한 번만이라도 남

"이미 잘못한 걸 어쩌겠어. 그냥 좀 넘어가자고."

"당신을 화나게 해서 미안해. 하지만 이런 일이 처음은 아니잖아. 나란 사람이 원래 그런 걸 어쩌겠어."

"당신한테 그런 식으로 말하다니, 내가 잘못했어. 나는 나 자신을 정당화하려 했고, 불친절하고 불쾌하게 굴었어. 용서해 주었으면 좋겠어."

"나 자신을 변명하려고 해도 변명의 여지가 없네. 더 말할 것도 없이 내가 이기적이었고 잘못했어."

편이 '내가 잘못했어.'라고 말하는 것을 들어 봤으면 좋겠어요." — 제나

"남편 마이클은 내가 만나 본 사람 중에 가장 정직한 사람이에요. 그가 완벽하다는 뜻이 아니에요. 늘 기꺼이 자기 잘못을 인정한다는 거죠. 내가 남편을 그토록 사랑하는 이유도 그래서예요. 그는 항상 '내 실수야. 내가 잘못했어. 용서해 주겠어?'라고 말하니까요. 나는 자신의 실수에 대해 기꺼이 책임을 인정하는 사람이 좋아요." — 리지

"나는 아버지가 어머니와 나한테 사과하는 걸 들어 본 적이 없어요. 아버지가 위선적이라고 느껴져요. 동네에서 아버지는 성공한 사람으로 인

정받고 있지만, 나에게 아버지는 위선자예요. 내가 늘 기꺼이 잘못을 인정하고 사과하는 것도 그 때문이에요. 잘못을 인정하지 않으면 사람들과 진실한 관계를 맺을 수 없으니까요."　　　　　　　　　　－ 마이크

이런 사람들은 '책임 인정'이라는 사과의 언어를 가장 중요하게 여긴다. 이들에게 책임 인정은 그 사과가 진실하다는 것을 확신하게 한다. 누군가가 말했듯 "미안하다는 말로는 부족하다. 상대방이 자기의 잘못을 알아야" 한다.

아내가 이런 경우라면 책임 인정이라는 사과의 언어를 유창하게 구사할 때 더욱 효과적으로 아내와 소통할 수 있을 것이다.

사과의 언어 #3 보상

인간은 마음속 깊은 곳에 무언가를 잘못하면 이를 바로잡아야 한다는 생각을 가지고 있다. 법적 체계도 그렇고 인간관계에서도 그렇고 모두 이 기본적인 개념에 큰 영향을 받고 있다. 최근 미국의 사법 체계는 범죄가 일어나면 범죄자가 피해자에게 보상하도록 하는 '피해 보상'의 개념을 더욱 강조하고 있다. 단순히 교도소에서 시간을 보내는 것이 아니라 자신의 잘못에 대해 보상하도록 한 것이다.

피해 보상이라는 개념은 **잘못을 했으면 이를 '보상'해야 한다**는 인간의 본질적인 믿음에 기초한다. 이 개념은 세 번째 사과의 언어인 '보상'의 기초가 된다.

"미안하다는 말로는 부족해. 내가 한 잘못을 보상하고 싶어. 어떻게 하면 될까?"

"내가 당신의 시간을 빼앗았다는 걸 알아. 보상 차원에서 나도 당신에게 시간을 내주고 싶은데, 어때?"

"그냥 좀 넘어가 줄 수 없어? 내가 꽃다발도 사 줬잖아. 그걸로는 부족해?"

"미안하다고 말하는 것으로 부족하다면, 달리 무슨 말을 해야 할지 모르겠네."

결혼이라는 사적인 영역에서 보상에 대한 기대는 거의 언제나 사랑에 대한 욕구에 기초한다. **우리는 깊은 상처를 받으면 상처를 준 배우자가 여전히 나를 사랑하는지 확인하고 싶어 한다.** 상대방이 심한 말을 하거나 상처 주는 행동을 하면 그가 나를 사랑하는 게 맞는지 의구심이 들기 때문이다.

"아내가 어떻게 내게 그럴 수 있지?"라는 의문이 좀처럼 마음속을 떠나지 않는다. "미안해. 잘못했어."라는 말로는 충분치 않다. "여전히 나를 사랑해?"라는 질문에 대한 답이 필요한 것이다.

보상이 제1의 사과의 언어인 사람들이 있다. 그들에게 "미안해."라고 할 때는 "내가 여전히 당신을 사랑한다는 것을 나타내 보이려면 무엇을 하면 될까?"라는 질문이 수반되어야 한다. 이 같은 노력을 하지 않으면 그들은 진실한 사과인지 의문을 가질 것이다. 또한, 아무리 잘 못했다고 말해도 사랑받는다고 느끼지 못할 것이다.

그들은 무엇을 기대하는 것일까?

"나는 그가 깊이 뉘우치기를 바라지만 잘못을 보상하려고 진지하게 노력했으면 좋겠어요."

"그가 잘못을 바로잡으려고 노력했으면 좋겠어요."

"그녀가 마음에서부터 미안해하고 상황을 바로잡았으면 해요."

이들은 보상하려는 노력이 사과의 진실성을 보여 주는 강력한 증거라고 여긴다. 문제는 어떻게 하면 가장 효과적인 방법으로 보상할 수 있느냐다. 아내에게 있어 보상의 핵심은 당신의 진실한 사랑을 확신시켜 주는 것이다. 따라서 **아내의 제1의 사랑의 언어로 보상을 표현하는 것이 중요하다.**

어떤 사람들은 인정하는 말(사과와 관련하여 그들이 얼마나 놀라운 태도를 보여 주었는지에 대한)을 보상 전부로 여긴다.

어떤 사람들은 선물(그들을 생각하고 있음을 보여 주는)이 다른 무엇보다도 사과의 마음을 잘 전달해 준다고 느낀다.

어떤 사람들은 함께하는 시간(사과하는 동안 신경이 분산되지 않는)으로 충분히 보상된다.

어떤 사람들은 스킨십보다 더 깊이 사랑을 말해 주는 것은 없다고 생각한다. 스킨십 없는 사과는 진실하지 못하다고 여기는 것이다.

아내의 사랑의 언어가 무엇이든 간에 이 점에 유념하라. **진실하게 사**

과하려면 잘못을 바로잡고자 하는 마음과 피해에 대한 보상, 그리고 아내에게 진실한 사랑을 확신시켜 주는 행동이 수반되어야 한다.

사과의 언어 #4 진실한 뉘우침

"우리는 늘 같은 문제로 말다툼을 벌인답니다." 결혼한 지 30년이 다 되어 가는 여인이 내게 말했다. "부부 대부분이 그런 것 같아요. 정말 화가 나는 건 남편이 잘못을 저지르는 것이 아니라 같은 잘못을 반복하는 거예요. 물론 남편은 사과해요. 다시는 그러지 않겠다고 말하죠. 하지만 그래 놓고 다시 같은 잘못을 저질러요. 욕실 불을 끄지 않고 나오거나 공연히 심술을 부리는 등 사소한 잘못을 거듭 반복하는 거예요. 이제 더는 변명을 듣고 싶지 않아요. 나를 힘들게 하는 일을 완전히 그만둬 줬으면 좋겠어요."

이 여인은 남편이 뉘우치기를 원했다.

'뉘우침'이라는 말은 '돌이키다', '마음을 바꾸다'라는 뜻이다. 배우자에게 사과해야 하는 상황에서 당신의 행동이 파괴적이었음을 깨닫는 것을 의미한다. 잘못을 뉘우칠 때 당신은 아내에게 고통을 준 것을 후회하고 행동을 변화시키기로 마음먹게 된다.

뉘우침에는 "미안해. 잘못했어. 내가 어떻게 보상하면 될까?"라고 말하는 것 이상의 의미가 있다. 뉘우친다는 것은 "다시는 안 그럴게."라고 말하는 것이다. 어떤 사람들은 상대방이 뉘우치는 모습을 보고 그의 사과가 진실하다고 믿는다.

"미안해. 예전에도 이렇게 말한 적 있지만, 이번에는 진심이야. 믿어 줘."

"내 행동 때문에 당신이 몹시 힘들었다는 걸 알아. 다시는 안 그럴게. 내가 어떻게 달라졌으면 좋겠는지 말해 줘. 어떤 의견이든 귀 기울여 들을게."

"나는 또 같은 실수를 해서 당신을 실망하게 했어. 당신의 신뢰를 회복하려면 어떻게 해야 할까?"

"미안해. 하지만 내가 하는 일이 계속해서 당신을 화나게 한다면, 달라져야 할 사람은 내가 아니라 당신이라고. 이런 생각 해본 적 있어?"

진실한 뉘우침이 없으면 사과의 다른 언어들을 아무리 말해 봐야 허사일 것이다. 상대방에게 상처를 받으면 그가 앞으로 달라질 것인지 아니면 여전히 같은 일이 반복될 것인지 알고 싶어진다.

'진실한 뉘우침'이라는 사과의 언어를 중요시하는 사람들은 이상적인 사과란 다음과 같다고 말한다.

"앞으로 달라질 것이라는 의지를 보이고, 다음번에는 다르게 행동했으면 좋겠어요."

"또다시 같은 일이 반복되지 않게 할 방법을 찾았으면 합니다."

"모욕적인 행동을 반복하지 않았으면 좋겠어요."

"그에게 더 나아지기 위한 계획이 있었으면 좋겠어요. 다시는 실패하지 않을 그런 계획 말이에요."

"몇 분 뒤에 화를 폭발시킨다거나 같은 잘못을 반복한다거나 하는 일이 없었으면 해요."

이런 말들은 참된 사과의 핵심은 뉘우침인 것을 알려 준다.

그렇다면 우리는 뉘우침이라고 하는 사과의 언어를 어떻게 말해야 할까? **그것은 앞으로 달라지겠다는 뜻을 표현하는 것에서부터 시작한다.** 모든 진실한 뉘우침은 마음속에서 시작된다. 우리는 우리의 행동이 잘못되었고 그 때문에 사랑하는 이에게 상처를 준 것을 깨닫는다. 우리는 그런 행동을 계속하고 싶지는 않아 앞으로 달라지기로 결심한다. 그리고 이 같은 결심을 우리가 상처 준 사람(이 경우에는 아내)에게 말로 표현한다.

앞으로 달라지겠다는 결심은 더는 변명하지 않겠다는 다짐을 나타낸다. 우리는 잘못을 축소하려 하지 않고 우리의 행동에 전적인 책임을 질 것이다.

아내에게 앞으로 달라지겠다는 결심을 말한다면 당신은 내면에서 일어나는 일들을 그녀에게 전하는 것이다. 그녀가 당신의 마음속을 얼핏 들여다보게 하는 것이다. 그것은 종종 당신이 정말로 그렇게 할 생각이라는 것을 아내에게 확신시켜 주기에 충분한 역할을 한다.

사과의 언어 #5 용서 요청

용서를 요청하는 것은 3가지 이유에서 중요하다. 첫째, **그것은 당신**

이 관계가 회복되길 바란다는 것을 나타내 준다. 론과 낸시는 결혼한 지 15년 된 부부로, 론의 제1의 사과의 언어는 '용서 요청'이다. "아내가 용서해 달라고 할 때 나는 그녀가 자신의 잘못을 숨기려 하지 않는다는 것을 알게 돼요. 아내는 우리 관계가 진실하기를 원하지요. 아내가 어떻게 사과를 하든 용서를 구하는 단계에 이르기만 하면 나는 그녀의 사과가 진심이라는 것을 안답니다. 그래서 용서하기가 쉬워지지요. 아내가 우리의 관계를 다른 무엇보다 소중히 여긴다는 것을 아니까요. 그 생각을 하면 정말 기분이 좋습니다."

배우자에게 상처를 주면 그 즉시 부부 사이에 장벽이 생긴다. 그 장벽이 제거되지 않는 한 두 사람의 관계는 앞으로 나아갈 수 없다. 사과는 장벽을 제거하기 위한 시도다. 아내의 제1의 사과의 언어가 용서 요청이라면 그녀에게 용서를 구하는 것은 장벽을 제거할 가장 확실한 방법이 된다. 아내에게 그것은 당신이 진심으로 관계 회복을 원한다는 것을 나타내 주기 때문이다.

용서 요청이 중요한 두 번째 이유는 **당신이 자신의 잘못을 깨달았음을 보여 주기** 때문이다. 당신이 한 말이나 행동은 도덕적으로 잘못된 것이 아닐 수 있다. 그러나 당신이 장난처럼 한 말이나 행동이 아내에게는 상처가 될 수 있다. 아내가 당신을 원망하는 이유는 그 때문이다. 상처는 두 사람 사이에 불화를 낳는다. 그러므로 당신이 한 말이나 행동은 잘못된 것이며 아내에게 용서를 구해야 한다. 특히 아내의 사과의 언어가 용서 요청이라면 더욱 그래야 한다. 용서를 구하는 것은 잘못을 인정하는 것이다. 당신이 어느 정도 비판이나 벌을 받아야 한다는

"지난번에 보니까 오직 하나님만이 용서하실 수 있더라고. 나는 이미 미안하다고 말했어. 그걸로 부족하다면 대체 무슨 말을 더 해야 할지 모르겠네."

"그런 식으로 말해서 미안해. 내가 너무 심했어. 당신한테 그러면 안 되는 거였는데……. 정말 잘못했어. 용서해 줘."

"희생자인 척하는 것 좀 그만둘 수 없어? 그래, 당신은 상처받았어. 그래서 뭐? 그래도 삶은 계속돼. 그러니 잊어버리라고!"

"내가 한 행동 때문에 당신이 깊이 상처받았다는 걸 알아. 당신이 다시는 내게 아무 말도 하지 않아도 할 말은 없지만, 내가 한 행동에 대해 진심으로 미안하게 생각하고 있어. 나를 용서할 수 있길 바라."

것을 알고 있음을 보여 준다.

셋째, 용서 요청은 당신이 앞으로의 두 사람의 관계를 상처받은 사람인 아내의 손에 맡기려 한다는 것을 보여 준다. 당신은 자신의 잘못을 인정했고, 유감을 표명했다. 아마 보상하겠다는 말도 했을 것이다. 그리고 이제 "나를 용서해 주겠어?"라고 말하고 있다. 당신은 아내를 대신해서 이 질문에 답할 수 없다. 아내만이 결정할 수 있는 문제다. 용서하느냐 마느냐, 그것이 문제인 것이다. 두 사람의 관계는 아내의 결정에 달렸다. 문제가 이제는 자기 손을 떠났다는 것, 이것은 받아들이기 힘든 일일 수 있다.

다른 사과의 언어를 사용하여 사과하는 마음을 표현한 뒤 말로 용서를 구하는 것은, 종종 용서와 화해의 가능성을 여는 열쇠가 된다. 그것은 아내가 듣기를 고대하는 사과의 한 요소일 것이다.

"나를 용서해 주겠어?"라는 말을 들으면 아내는 당신이 진심으로 사과하고 있다고 확신한다. 용서 요청이 없으면 "미안해.", "잘못했어.", "내가 보상할게.", "다시는 안 그럴게."라는 말은 아내가 생각하기에 입에 발린 소리에 지나지 않을 것이다. 용서 요청이 아내의 제1의 사과의 언어라면 당신은 이 언어를 배워야 한다. 당신의 사과가 진실하다는 것을 아내가 알아주기를 바란다면 말이다.

마지막 한마디

사과의 기술을 배우기란 쉽지 않을 것이다. 자연스럽게 느껴지지 않기 때문이다. 그러나 이 기술은 누구나 배울 수 있으며 또 배울 만한 가치가 있다. 사과는 정서적 건강과 정신적 건강의 신세계를 열어 준다. 사과를 하고 나면 거울 속 자신의 모습을 들여다볼 수 있고, 아내의 눈을 응시할 수 있다.

진심으로 사과하는 사람은 진정으로 용서받는다는 것을 기억하라.

부록

THE FIVE LOVE LANGUAGES FOR MEN

+ 사랑의 언어 FAQ

+ 5가지 사랑의 언어 검사_ 남편용

+ 5가지 사랑의 언어 검사_ 아내용

Q1. 나의 제1의 사랑의 언어를 알 수 없으면 어떻게 합니까?

Q2. 아내의 사랑의 언어를 알 수 없으면 어떻게 합니까?

Q3. 나이가 들면 제1의 사랑의 언어도 변합니까?

Q4. 5가지 사랑의 언어가 아이들에게도 적용됩니까?

Q5. 자녀의 사랑의 언어가 십대가 되면 변합니까?

Q6. 아내의 사랑의 언어가 나에게 너무 어려우면 어떻게 하나요?

Q7. 남성과 여성의 사랑의 언어에 차이가 있습니까?

Q8. 5가지 사랑의 언어를 어떻게 해서 발견하게 되었습니까?

Q9. 사랑의 언어는 다른 문화권에도 적용될까요?

Q10. 「5가지 사랑의 언어」가 그토록 큰 성공을 거둔 이유가 뭐라고 생각하십니까?

Q11. 아내의 사랑의 언어를 구사했는데 아무런 반응이 없으면 어떻게 해야 합니까?

Q12. 성적 부정을 저지른 후에도 사랑을 회복할 수 있을까요?

Q13. 아내가 나의 사랑의 언어를 알고도 말하지 않으면 어떻게 해야 합니까?

Q14. 결혼 생활을 한 지 30년이나 되었는데 사랑의 감정을 회복할 수 있을까요?

Q15. 나는 싱글입니다. 사랑의 언어 개념이 싱글에게도 적용이 될 수 있을까요?

Q16. 군대나 직장, 학교 문제 등으로 배우자와 떨어져 지낼 때는
　　　 어떻게 그의 사랑의 언어를 표현할 수 있을까요?

사랑의 언어

FAQ

Frequently Asked Questions

나의 제1의 사랑의 언어를 알 수 없으면 어떻게 합니까?

"'5가지 사랑의 언어 검사'를 해보았는데, '선물' 외에는 4개 항목이 거의 같은 점수가 나왔어요. 선물은 나의 제1의 사랑의 언어가 아니에요. 어떻게 해야 할까요?"

A1 이 책에서 사랑의 언어를 확인하는 3가지 방법을 설명했습니다.

방법 1 • 먼저 당신이 다른 사람들에게 사랑을 표현할 때 자주 사용하는 방법을 관찰하십시오.

다른 사람들을 위해 정기적으로 봉사한다면 그것이 당신의 사랑의 언어일 수 있습니다. 사람들에게 늘 인정하는 말을 한다면 그것이 당신의 사랑의 언어일 가능성이 큽니다.

방법 2 • 당신이 가장 자주 불평하는 것이 무엇인지 생각해 보십시오.

아내에게 "내가 먼저 시작하지 않는 한 당신이 나를 만지는 것을 본 적이 없어."라고 불평한다면 당신의 제1의 사랑의 언어는 스킨십일 것입니다. 아내가 도시로 여행을 다녀왔을 때 "나 주려고 산 것은 아무엇도 없단 말이지?"라고 불평한다면 선물이 사랑의 언어일 수 있습니다. "우리는 함께 시간을 보낸 적이 없어."라고 불평한다면 함께하는 시간이 사랑의 언어일 수 있습니다. 불평은 내면의 소원을 보여 줍니다. (가장 자주 불평하는 것이 무엇인지 알기 힘들다면 아내에게 물어보기 바랍니다. 아마 그녀는 잘 알고 있을 것입니다.)

방법 3 • 아내에게 자주 부탁하는 것이 무엇인지 생각해 보십시오.

"등 좀 긁어 주겠어?"라고 한다면 당신은 스킨십을 요구하는 것일 수 있습니다. "이번 달에 주말여행을 갈 수 있을까?"라고 한다면 함께하는 시간을 원하는 것입니다. "오늘 오후에 청소 좀 해줄래요?"라고 하는 것은 봉사를 원한다는 것입니다.

한 남편은 자신에게 해당하지 않는 항목을 하나씩 지워 나가면서 자신의 사랑의 언어를 알게 되었다고 합니다. 그는 선물이 자기의 사랑의 언어가 아니라는 것을 알았습니다. 그러자 4가지가 남았습니다. 그는 "이 4가지 중에서 한 가지를 포기해야 한다면 어느 것을 버릴까?" 하고 자문해 보았습니다. 그의 대답은 함께하는 시간이었습니다. "남은 3가지 중에서 한 가지를 포기해야 한다면 무엇을 버릴까?" 그는 성관계를 제외한 스킨십을 포기할 수 있다고 생각했습니다. 악수나 포옹, 등을 두드려 주는 일을 하지 않고도 잘 지낼 수 있다고 생각했습니다. 이제 봉사와 인정하는 말 2가지만 남았습니다. 그는 아내가 해주는 일을 고맙게 여겼지만, 아내의 칭찬이야말로 삶에 활력소가 되어 준다는 것을 깨달았습니다. 아내에게서 인정하는 말 한마디만 들으면 종일 잘 지낼 수 있었습니다. 그만큼 그에게는 인정하는 말이 의미가 있었던 것입니다. 그리하여 그는 인정하는 말이 제1의 사랑의 언어이고, 봉사가 제2의 사랑의 언어임을 확인하게 되었습니다.

Q2 아내의 사랑의 언어를 알 수 없으면 어떻게 합니까?

"아내는 이 책을 읽지 않았지만 사랑의 언어에 대해 함께 이야기했습니다. 그녀는 자신의 사랑의 언어를 모르겠다고 합니다."

A2 우선 아내에게 『5가지 사랑의 언어』를 읽으라고 하기 바랍니다. 그 책을 읽고 나면 자신의 사랑의 언어에 대해 함께 이야기하고 싶어 할 것입니다. 그러나 아내가 책을 읽으려 하지 않으면 앞에서 말한 3가지 질문에 답해 보길 바랍니다.

질문 1 • 아내가 다른 사람들에게 사랑을 표현할 때 주로 어떻게 합니까?
질문 2 • 아내가 가장 자주 불평하는 것은 무엇입니까?
질문 3 • 아내가 가장 자주 요구하는 것은 무엇입니까?

아내의 불평을 들으면 짜증이 나기 쉽지만 실제로는 귀중한 정보를 얻을 수 있습니다. 아내가 "우리는 함께 시간을 보낸 적이 없어요."라고 할 때, "무슨 소리야? 목요일 저녁에 외식했잖아."라고 응수하고 싶을 것입니다. 그렇게 방어하면 대화가 막혀 버립니다. 대신에 "그럼 어떻게 하면 좋겠어?"라고 한다면 도움이 될 만한 답을 얻을 것입니다. 아내의 불평은 그녀의 제1의 사랑의 언어를 잘 알려 주는 계기판입니다.

다른 한 가지 방법은 5주간에 걸쳐 실험을 하는 것입니다. 첫째 주에는 5가지 사랑의 언어 중에서 하나를 선택해 매일 사용하면서 아내의 반응을 살펴봅니다. 토요일과 일요일은 쉽니다. 둘째 주에는 또 다른 사랑의 언어를 집중적으로 시험해 봅니다. 이렇게 5주를 계속합니다. 아내의 사랑의 언어를 사용하면 그녀의 표정과 반응 태도가 달라질 것입니다. 그것이 그녀의 제1의 사랑의 언어입니다.

Q3 나이가 들면 제1의 사랑의 언어도 변합니까?

A3 제1의 사랑의 언어는 평생 변하지 않는다고 생각합니다. 성격 특성이 어릴 때 생겨 지속하는 것과 같습니다. 예를 들면, 정리 정돈을 잘하는 사람은 어렸을 때도 정리를 잘했을 가능성이 큽니다. 성격이 느긋한 사람은 어렸을 때도 그랬을 것입니다. 성격 특성들은 거의 그렇습니다.

살다 보면 다른 사랑의 언어가 매력적으로 보일 때가 있습니다. 당신의 제1의 사랑의 언어는 인정하는 말이지만 당신이 2가지 일을 동시에 하고 있다면, 아내의 봉사가 매우 매력적으로 여겨질 수 있습니다. 아내가 인정하는 말만 하고 집안일을 하지 않는다면, 당신은 '손 하나 까딱 안 하면서 말로만 사랑한다고 하는 것도 이제 지겨워.'라는 생각이 들 것입니다. 2가지 일을 하는 동안 봉사가 당신의 제1의 사랑의 언어가 된 것처럼 보일 것입니다. 그러나 인정하는 말이 사라지면 금세 이것이 여전히 제1의 사랑의 언어임을 확인하게 될 것입니다.

스킨십이 제1의 사랑의 언어가 아니라도 부모나 친한 친구와 사별했을 때는 아내가 꼭 껴안아 주는 것이 가장 의미 있게 느껴질 것입니다. 슬픔에 빠졌을 때 누군가가 안아 주면 사랑받는다고 느끼게 됩니다. 스킨십이 당신의 제1의 사랑의 언어는 아니지만 그런 순간에는 아주 의미 있는 것이 됩니다.

Q4 5가지 사랑의 언어가 아이들에게도 적용됩니까?

A4 물론입니다. 아이들의 마음속에는 사랑 탱크가 있습니다. 아이가 부모의 사랑을 느끼면 정상적으로 성장합니다. 그러나 사랑 탱크가 텅 비면 내면의 갈등을 안고 성장하게 되고, 십대가 되면 그릇된 곳에서 사랑을 찾으려 합니다. 자녀를 효과적으로 사랑하는 법을 아는 것은 중요합니다. 나는 정신의학자인 로스 캠벨과 함께 『자녀의 5가지 사랑의 언어』를 썼습니다. 이 책은 부모가 자녀의 사랑의

언어를 찾을 수 있도록 도와줍니다. 사랑의 언어가 아이의 분노와 학습, 훈육에 어떤 영향을 미치는지에 대해서도 다루고 있습니다.

이 책에서 강조하는 한 가지는 자녀가 5가지 사랑의 언어 모두를 알고 실천하는 법을 배워야 한다는 것입니다. 그러면 정서적으로 건강한 어른이 됩니다. 따라서 부모는 자녀의 제1의 사랑의 언어를 집중적으로 사용하면서 나머지 4개 언어도 간간이 사용해 주어야 합니다. 자녀가 5가지 사랑의 언어를 모두 경험하게 되면, 결국 5가지 사랑의 언어 모두를 사용하여 사랑하는 법을 배우게 되기 때문입니다.

Q5 자녀의 사랑의 언어가 십대가 되면 변합니까?

"『자녀의 5가지 사랑의 언어』를 읽었는데, 아이들을 키우는 데 정말 많은 도움이 되었습니다. 이제 우리 아들이 십대가 됩니다. 지금껏 하던 방식을 계속하고 있는데 통하지 않는 것 같습니다. 혹시 아들의 사랑의 언어가 변한 것은 아닌지 궁금합니다."

A5 자녀가 십대가 되었다고 사랑의 언어가 바뀐다고 생각하지 않습니다. 하지만 자녀의 사랑의 언어를 말하는 방식을 새롭게 할 필요가 있습니다. 지금까지 어떤 방법을 사용했는지 모르지만 십대가 된 자녀는 그것을 유치하다고 생각할 수 있습니다.

자녀의 사랑의 언어가 스킨십이어서 안아 주고 볼에 뽀뽀해 주었다면, 십대 자녀는 부모를 밀치면서 "그냥 내버려 두세요."라고 할 것이 뻔합니다. 그렇다고 스킨십이 필요하지 않다는 것은 아닙니다. 다만 그 방식이 유치하게 느껴진다는 것입니다. 이제는 스킨십을 나이에 맞게 바꾸어야 합니다. 예를 들어 옆구리를 쿡 찌른다거나, 주먹으로 어깨를 툭 친다거나, 등을 두드린다거나 하는 것입니다. 아니면 레슬링을 하는 것도 좋습니다. 이런 스킨십은 십대 자녀에게 사랑을 전달하게 될 것입니다. 자기 몸에 손대지 말라고 한다고 스킨십을 중단하는 것이야말로 가장 잘못하는 것입니다.

십대 자녀와 관련하여 더 자세한 정보를 얻고 싶다면, 『십대의 5가지 사랑의 언어』를 참고하십시오.

Q6 아내의 사랑의 언어가 나에게 너무 어려우면 어떻게 하나요?

"나는 스킨십을 거의 하지 않는 가정에서 자랐습니다. 그런데 아내의 사랑의 언어가 스킨십입니다. 내가 먼저 스킨십을 하는 것이 너무나 어렵습니다."

A6 다행히도 5가지 사랑의 언어는 모두 배울 수 있습니다. 대부분의 사람들은 5가지 중에서 한두 가지만 사용하는 가정에서 성장합니다. 어떤 사랑의 언어는 자연스럽게 느껴지고 비교적 말하기도 쉽지만, 그렇지 않은 것들은 배워야 합니다. 배우는 것은 다 그렇듯

조금씩 배워 나가다 보면 어느새 많은 것을 습득하게 됩니다.

아내의 사랑의 언어가 스킨십이고 당신은 그것이 익숙하지 않다면, 우선 커피를 따라 주면서 어깨에 가볍게 손을 얹는다든지, 지나치면서 다정하게 어깨를 두드려 준다든지 하는 가벼운 행동부터 시작해 보십시오. 이렇게 하다 보면 조금씩 쉬워질 것입니다. 언젠가 스킨십을 능숙하게 하는 사람이 될 것입니다.

다른 사랑의 언어도 마찬가지입니다. 인정하는 말을 쉽게 하는 사람이 아닌데 아내는 그것이 사랑의 언어라면 다른 사람들의 말이나 책에서 인정하는 말을 찾아 목록을 만드십시오. 그리고 거울 앞에 서서 그것들을 읽어 편안하게 말할 수 있도록 하십시오. 그다음에는 그중 한 말을 아내에게 해보십시오. 인정하는 말을 한 번씩 할 때마다 그만큼씩 쉬워질 것입니다. 당신의 달라진 모습에 아내는 물론 당신도 기분이 좋아질 것입니다. 아내에게 효과적으로 사랑을 표현하고 있으니 말입니다.

Q7 남성과 여성의 사랑의 언어에 차이가 있습니까?

A7 사랑의 언어가 남녀 사이에 차이가 있는지를 연구해 보지는 않았습니다. 물론 남성은 스킨십과 인정하는 말을, 여성은 함께하는 시간과 선물을 선호하는 것 같기는 합니다. 그러나 그것이 정확한지는 잘 모르겠습니다.

나는 사랑의 언어가 남녀 사이에 차이가 없는 것으로 여깁니다. 분명 어느 것이든 남성이나 여성의 사랑의 언어가 될 수 있습니다. 중요한 것은 배우자의 제1, 제2의 사랑의 언어를 찾아 규칙적으로 사용하는 것입니다. 그렇게 하면 정서적으로 건강한 분위기가 조성되어 결혼 생활이 풍성해질 것입니다.

Q8 5가지 사랑의 언어를 어떻게 해서 발견하게 되었습니까?

A8 나는 오랫동안 많은 커플을 만나면서, 한 사람에게는 사랑받는 느낌을 주는 것이 다른 사람에게는 그렇지 않을 수도 있음을 깨닫게 되었습니다. 많은 시간 나는 상담실에서 배우자가 원하는 것을 찾아 그가 사랑을 느끼게 하도록 도와주는 일을 했습니다. 이런 일을 계속하면서 어떤 패턴이 있음을 발견하게 되었습니다. 그래서 그간 메모한 노트를 읽으면서 "내게 상담을 받으러 와서 '아내가 나를 사랑하지 않는 것 같아요.'라고 하는데 그들이 원하는 것은 무엇일까?"라고 자문해 보았습니다. 그러자 그 대답이 5가지로 분류되었습니다. 나중에 나는 그것을 '5가지 사랑의 언어'라고 부르게 되었습니다.

그다음 나는 이 언어들을 워크숍과 스터디 그룹에서 소개했습니다. 그러자 그곳에 모인 부부들이 자신들이 왜 서로에게서 멀어졌는지 그 이유를 깨달았습니다. 그들이 서로 제1의 사랑의 언어를 찾아 말하기 시작하자, 결혼 생활이 놀랍게 변했습니다.

그리하여 이 개념을 소개하는 책을 써서 직접 만나지 못하는 부부들을 도와주기로 했습니다. 현재 이 책은 영어판만 1,000만 부 이상이 판매되었고, 50여 개 언어로 번역되었으니 나의 노력은 충분히 보상되고도 남은 셈입니다.

Q9 사랑의 언어는 다른 문화권에도 적용될까요?

A9 나는 대학에서 인류학을 전공했기 때문에 스페인 출판사가 처음으로 이 책을 스페인어로 출판하겠다고 접촉해 왔을 때 이 질문을 했습니다. 처음에는 이렇게 말했습니다. "이 개념이 스페인에서도 통할지 모르겠습니다. 앵글로 색슨계 미국인들 사이에서 이것을 발견했거든요." 출판사에서는 "우리도 책을 읽어 보았는데, 스페인에서도 통합니다."라고 했습니다. 그 후에 프랑스, 독일, 네덜란드 등 다른 여러 나라에서 출간되었습니다. 거의 모든 나라에서 이 책은 출판사의 베스트셀러가 되었습니다. 이것을 보고 나는 사랑을 표현하는 이 5가지 방법이 보편적이라고 믿게 되었습니다.

그러나 이 언어를 말하는 방식은 문화에 따라 약간씩 다릅니다. 예를 들어 어떤 스킨십은 문화에 따라 적절할 수도 있고 그렇지 않을 수도 있습니다. 봉사도 문화에 따라 사용될 수도 있고 그렇지 않을 수도 있습니다. 그러므로 문화에 맞추어 적절하게 적용하면 사랑의 언어 개념은 그 문화에 사는 사람들에게 큰 영향을 줄 수 있습니다.

Q10 『5가지 사랑의 언어』가 그토록 큰 성공을 거둔 이유가 뭐라고 생각하십니까?

A10 나는 우리의 가장 깊은 감정적 욕구가 사랑받고 싶은 것이라고 생각합니다. 결혼한 사람이라면 배우자에게 가장 사랑받고 싶어합니다. 따라서 배우자에게 사랑을 느끼면 온 세상이 환해지고 삶이 경이롭게 느껴집니다. 반면에 거부나 무시를 당하면 세상이 어두워집니다.

대부분의 커플들은 사랑에 빠져 행복한 감정 속에서 결혼합니다. 그러나 결혼한 후 그 행복한 감정이 사라지고 서로의 차이가 보이면서 갈등하기 시작합니다. 이때 갈등을 해결하기 위한 적극적인 대책이 없으면 서로 거친 말을 주고받게 됩니다. 거친 말은 상처와 실망, 분노를 만들어 냅니다. 이제 사랑받는다는 느낌은커녕 서로를 원망하는 마음이 생깁니다.

『5가지 사랑의 언어』를 읽으면서 사람들은 연애 감정이 사라진 이유와 사랑의 감정을 되살릴 방법을 발견합니다. 상대방의 사랑의 언어를 말하기 시작하면 자신들도 놀랄 정도로 긍정적 감정이 되살아납니다. 이제 사랑 탱크가 가득 차서 그들은 훨씬 더 긍정적인 자세로 갈등을 해결하려 하고 결국 효과적인 해결책을 찾아냅니다.

사랑의 감정이 되살아나면 둘 사이의 감정이 긍정적으로 되고 함께 팀이 되어 서로 격려하고 지지하고 도와 목적을 달성하는 방법을 배웁니다.

이런 경험을 하게 되면 5가지 사랑의 언어를 다른 사람들에게도 소개합니다. 그래서 내 생각에 『5가지 사랑의 언어』가 큰 성공을 거둔 이유는, 이 책을 읽고 상대방의 사랑의 언어를 배운 사람들이 가까운 사람들에게 추천하기 때문인 것 같습니다.

Q11 아내의 사랑의 언어를 구사했는데 아무런 반응이 없으면 어떻게 해야 합니까?

"아내는 이 책을 읽으려 하지 않아요. 그래서 그녀의 사랑의 언어를 말하면서 어떻게 되나 보기로 했습니다. 그런데 아무 일도 일어나지 않았습니다. 심지어 내가 달라졌다는 것조차도 알아채지 못했어요. 이렇게 반응이 없는데 언제까지 아내의 사랑의 언어를 말해야 할까요?"

A11 결혼 생활을 개선하기 위해 노력하는데 아무 반응이 없으면 실망이 클 것입니다. 아내가 별 반응을 보이지 않는 이유로는 2가지 가능성이 있습니다.

첫째, 이것은 가장 흔한 경우인데, 엉뚱한 사랑의 언어를 말했기 때문입니다. 남편들은 종종 아내의 사랑의 언어가 봉사라고 전제해 버립니다. 그리하여 집안일을 도우면서 빠른 속도로 해야 할 일 목록을 지워 나가기 시작합니다. 진심으로 아내의 사랑의 언어를 시도하는 것입니다. 그런데 아내가 그런 노력을 알아차리지 못하면 남편은 몹시 실망하게 됩니다.

사실 아내의 사랑의 언어는 봉사가 아니라 인정하는 말일 수 있습니다. 이 사실을 모르는 남편은 아무런 반응을 보이지 않는 아내에게 비판하는 말을 할 수 있습니다. 그 말은 아내의 가슴에 비수가 되어 꽂힙니다. 그래서 남편을 멀리하게 됩니다. 남편은 부부 관계를 개선하려고 노력했지만 아무런 성과가 없어 괴로워하고, 아내는 말없이 고통을 견딥니다. 문제는 남편의 진지함이 아닙니다. 엉뚱한 사랑의 언어를 말한 데 있습니다.

둘째는 아내가 긍정적으로 반응하지 못할 또 다른 이유가 있기 때문입니다. 아내가 다른 사람과 감정적으로든 성적으로든 사랑에 빠져 있으면 남편의 노력이 너무 늦었다고 생각할 것입니다. 심지어 남편의 노력은 일시적이고, 진지하지 않으며, 단지 자기를 붙잡아 두기 위한 수단이라고 여길 수 있습니다. 혹시 다른 사람과 사랑에 빠지지 않았다고 하더라도 남편과의 관계가 오랫동안 좋지 않았다면, 아내는 남편의 노력이 자신을 조종하기 위한 것이라고 여길 수 있습니다. 이런 상황에서는 아내의 사랑의 언어를 말하는 것을 포기하고 싶은 유혹이 생깁니다. 노력해 봐야 아무 변화도 없기 때문입니다. 이런 유혹에 넘어가서는 절대 안 됩니다. 포기하면 아내에게 자기를 조종하기 위한 노력이라는 결론을 확인시켜 주는 것이 됩니다.

가장 좋은 방법은 아내의 반응이 어떻든 계속해서 그녀의 사랑의 언어를 말하는 것입니다. 6개월, 9개월 아니면 1년 계획을 세우십시오. '아내가 어떤 반응을 보이든 나는 계속해서 아내의 사랑의 언어로 사랑해 줄 거야. 아내가 나를 떠난다면 자기를 무조건적으로 사랑하는 사람을 떠나는 것이 되게 할 것이다.'라는 태도를 가져야 합니다. 이런 태도를 가지면 몹시 실망스러울 때도 옳은 길을 가게 될 것입니다.

아내가 긍정적으로 반응하지 않을 때도 아내를 사랑하는 것만큼 강력한 것은 없습니다. 이처럼 관계를 회복시키기 위해 당신이 최선을 다하면 아내가 어떤 반응을 보이든 후회하지 않을 것입니다. 언젠가 아내가 당신의 사랑에 호응한다면, 당신은 자신에게 무조건적인 사랑의 능력을 입증한 것입니다. 물론 서로의 사랑이 회복된 기쁨은 이루 말할 수 없을 것입니다.

Q12 성적 부정을 저지른 후에도 사랑을 회복할 수 있을까요?

A12 결혼 생활에서 성적 부정만큼 치명적인 것은 없습니다. 성관계는 두 사람을 결합하는 경험입니다. 두 사람을 가장 깊이 결합해 주는 것입니다. 어느 문화에서든지 공개적으로 결혼식을 하고 둘만의 성관계를 함으로 그 결혼이 완성됩니다. 성관계는 서로에게 평생

헌신하겠다는 것을 표현하는 독특한 방식으로 고안된 것입니다. 이런 헌신이 깨지면 결혼 생활에서 치명적 상처를 입게 됩니다.

그러나 외도를 했다고 해서 꼭 이혼으로 끝날 수밖에 없다는 것은 아닙니다. 부정을 저지른 쪽이 혼외 관계를 끊고 결혼 생활을 회복시키기 위해 열심히 노력하면 관계가 진정으로 회복될 수 있습니다. 나는 상담을 하면서 성적 부정을 저지른 부부들이 치유되는 것을 수없이 보았습니다. 회복을 위해서는 잘못된 관계를 청산하는 것은 물론 애초에 외도를 하게 만든 원인이 무엇인지를 알아야 합니다.

관계 회복에 성공하려면 2가지 방향에서 접근해야 합니다. 첫째, 부정을 저지른 사람은 그런 잘못의 원인이 되는 자신의 성격, 사고방식, 생활 방식 등을 살펴보고 태도와 행동 양식을 변화시켜야 합니다. 둘째, 두 사람 다 결혼 생활이 어땠는지 정직하게 돌아보고, 부정적 습관을 진실하고 성실한 긍정적 습관으로 바꿔야 합니다. 이런 일을 하는 데는 대체로 전문가의 상담이 필요합니다.

연구 결과에 의하면, 성적 부정을 저지른 이후에 결혼 생활을 회복한 사람들은 대체로 개인 상담과 부부 상담을 함께 받은 경우입니다. 사랑의 언어를 이해하고 상대방의 사랑의 언어를 말하려는 자세를 가지면 결혼 생활을 회복시키는 힘든 일이 성공하는 데 큰 도움이 됩니다.

Q13 아내가 나의 사랑의 언어를 알고도 말하지 않으면 어떻게 해야 합니까?

"우리 부부는 둘 다 『5가지 사랑의 언어』를 읽었고, '5가지 사랑의 언어 검사'를 통해 서로의 사랑의 언어를 확인했습니다. 그것이 두 달 전 일입니다. 아내는 나의 사랑의 언어가 인정하는 말이라는 것을 압니다. 그러나 두 달이 되도록 인정하는 말을 해준 적이 없습니다. 아내의 사랑의 언어는 봉사입니다. 나는 집에서 아내가 부탁한 일들을 하기 시작했습니다. 내가 보기에 아내는 고마워하는 것 같지만, 아무 말도 하지 않습니다."

A13 우선 배우자에게 사랑의 언어를 말하도록 강요할 수 없다는 것부터 말씀드리고 싶습니다. 사랑은 선택입니다. 사랑은 부탁할 수는 있지만 명령할 수는 없습니다. 아내가 왜 당신의 사랑의 언어를 말하지 않는지 살펴보겠습니다.

첫 번째로 그녀는 자라면서 인정하는 말을 별로 듣지 못했을 수 있습니다. 그녀의 부모가 아주 비판적이었을 수도 있습니다. 인정하는 말을 배울 만한 좋은 역할 모델이 없었던 것이지요. 인정하는 말을 하는 것이 그녀에게는 몹시 어려울 수 있습니다. 익숙하지 않은 언어를 배워야 하니 많은 노력을 해야 하고 당신은 인내해 주어야 합니다.

아내가 당신의 사랑의 언어를 말하지 않는 두 번째 이유는, 당신의 변화에 대해 인정하는 말을 해주면 자기가 원하는 큰 변화를 중단해 버릴까 봐 두려운 것일 수 있습니다. 작은 일을 칭찬해 주면 거기에 안주해 더 발전하려는 노력을 중단할 것이라는 생각은 잘못된 것입니다. 그것은 그릇된 통념으로 이 때문에 자녀들에게 인정하는 말을 하지 않는 부모가 더러 있습니다. 인정하는 말이 제1의 사랑의 언어인 사람에게는 이런 말이 더 큰 성취를 추구하도록 격려하는 것이 됩니다.

이 책에 소개한 사랑의 '탱크 점검' 게임을 해보길 바랍니다. 아내에게 "당신의 사랑의 탱크는 0에서 10까지의 눈금 중 어디를 가리키고 있지?"라고 물어보십시오. 만약 10 이하라고 대답하면 "탱크를 채우려면 어떻게 도와주면 될까?"라고 묻습니다. 아내가 어떤 부탁을 하든지 최선을 다해 들어주십시오. 한 달 동안 매주 한 번씩 이렇게 하면 당신의 사랑 탱크는 얼마나 찼는지 묻게 될 것입니다. 그러면 당신도 부탁하면 됩니다. 이렇게 부담을 주지 않으면서 사랑의 언어를 말하도록 가르칠 수 있습니다.

Q14 결혼 생활을 한 지 30년이나 되었는데 사랑의 감정을 회복할 수 있을까요?

"우리는 싸우지도 않고 앙숙도 아닙니다. 다만 한집에서 룸메이트처럼 건조하게 살 뿐입니다."

A14 실화를 이야기하겠습니다. 한 부부가 내 세미나에 참석했습니다. "우리의 결혼 생활을 새롭게 해주어 감사의 말씀을 드리려고 왔습니다. 우리는 결혼한 지 30년이 되었는데 지난 20년 동안은 정말로 공허했습니다. 얼마나 엉망이었느냐 하면 20년 동안 한 번도 같이 휴가를 간 적이 없습니다. 그저 한집에 살면서 예의를 지킬 뿐 그것이 전부였습니다."라고 남편이 말했습니다.

"1년 전 이런 고민을 한 친구에게 털어놓았습니다. 그는 집으로 들어가더니 박사님이 쓰신 『5가지 사랑의 언어』를 들고나와 '이걸 읽어 보면 도움이 될 걸세.'라고 했습니다. 나는 결혼 생활과 관련된 책은 이미 많이 본 터라 별로 읽고 싶지는 않았습니다. 하지만 친구의 성의를 봐서 읽었습니다. 그날 밤 집에 돌아와 책을 다 읽었습니다. 다 읽고 나니 새벽 3시였습니다. 한 장 한 장 읽을 때마다 그동안 우리는 서로의 사랑의 언어를 말하지 못했다는 것을 깨달았습니다. 나는 그 책을 아내에게 주며 다 읽고 나서 어떻게 생각하는지 같이 이야기해 보자고 했습니다. 2주 후 아내가 '다 읽었어요.'라고 하기에 '그래, 어땠어?'라고 물었습니다. '우리가 이 책을 30년 전에 읽었다면 우리의 결혼 생활이 전혀 달랐을 거예요.'라고 해서 나는 '나도 같은 생각이오. 지금이라도 노력하면 달라질까?'라고 물었습니다. 아내는 '손해 볼 것 없으니 한번 노력해 봐요.'라고 대답했습니다. 그리하여 우리의 제1의 사랑의 언어에 관해 이야기한 뒤 적어도 일주일에 한 번은 서로의 사랑의 언어를 사용하면서 결과를 지켜보기로 했습니다. 두 달이 지난 후, 반신반의하던 일이 이루어졌습니다."

이번에는 아내가 말했습니다. "누가 남편에 대한 애정이 회복될 것 같은지 물으면 나는 '그럴 일은 없어요. 그러기에는 이미 너무 많은 일을 겪었어요.'라고 대답했습니다. 그런데 올해 우리는 20년 만에 처음으로 함께 휴가를 가서 즐겁게 지냈답니다. 지금도 600km 이상을 차로 운전해 왔지만, 박사님이 하시는 세미나에 참석하면서 함께 하는 것을 즐기는 중입니다. 이렇게 사랑하는 관계를 누릴 수 있는데 그냥 한집에 살면서 긴 세월을 허비한 것이 안타깝습니다. 좋은 책을 써주셔서 감사드립니다."

나는 "두 분의 이야기를 들려주셔서 고맙습니다. 그 말씀을 들으니 큰 힘이 됩니다. 앞으로 20년 동안 더 멋지게 살아 지난 20년이 기억나지 않게 되길 바랍니다."라고 대답했다. 그러자 그 부부는 "네, 그럴 생각입니다."라고 함께 대답했습니다.

30년이나 지난 후 부부의 애정이 회복될 수 있을까요? 두 사람이 서로의 사랑의 언어를 말하려고 노력한다면 가능합니다.

Q15 나는 싱글입니다. 사랑의 언어 개념이 싱글에게도 적용이 될 수 있을까요?

A15 그동안 수많은 성인 싱글이 『5가지 사랑의 언어』는 결혼한 부부들을 위한 책이라고 알고 있습니다. 하지만 이 책을 읽었더니

대인 관계에 두루 도움이 되었습니다. 그렇지만 싱글을 위한 5가지 사랑의 언어 책도 써보시지 않겠어요?"라고 했습니다. 그렇게 해서 『싱글의 5가지 사랑의 언어』를 쓰게 되었습니다. 이 책은 성인 싱글들이 사랑의 언어 개념을 그들의 대인 관계에 적용하는 데 도움을 주려는 것입니다. 우선 싱글들이 성장하면서 왜 사랑을 느끼거나 느끼지 않았는지부터 다루었습니다.

한 젊은 수감자가 이런 말을 했습니다. "5가지 사랑의 언어를 알려 주셔서 감사합니다. 덕분에 생전 처음으로 어머니가 나를 사랑하신다는 것을 이해하게 되었습니다. 나의 사랑의 언어가 스킨십이지만 어머니는 나를 안아 주신 적이 없었습니다. 사실 어머니가 처음으로 안아 주신 것은 교도소로 가는 날이었습니다. 그러나 지금 생각해 보니 어머니는 주로 봉사를 통해 사랑을 보여 주셨던 것 같아요. 어머니는 우리를 먹이고, 입히고, 살 집을 마련하느라 열심히 일하셨고 또한 나를 사랑하셨다는 것을 알겠습니다. 단지 나의 사랑의 언어를 사용하지 않으셨을 뿐이었습니다. 이제는 어머니가 나를 진정으로 사랑하신다는 것을 압니다."

나는 싱글들이 사랑의 언어 개념을 형제자매들과의 관계, 직장 생활, 연인 관계에도 적용하도록 도왔습니다. 그동안 싱글들이 보여 준 반응은 아주 놀라웠습니다. 당신도 다른 사람들이 발견한 것을 알게 되기 바랍니다. 상대방의 사랑의 언어로 사랑을 표현하면 그 사람과의 관계가 발전됩니다.

Q16 군대나 직장, 학교 문제 등으로 배우자와 떨어져 지낼 때는 어떻게 그의 사랑의 언어를 표현할 수 있을까요?

A16 서로 떨어져 지낼 때는 어떻게 사랑의 언어를 적용해야 하는지 묻는 사람이 많습니다. '스킨십'과 '함께하는 시간'과 같은 사랑의 언어는 표현하기 어렵지 않겠느냐는 것입니다. 답은 간단합니다. 어떻게 하면 서로 떨어져 있어도 연결되어 있다고 느낄지 그 방법을 생각해 보고 실천하는 것입니다.

당신의 사랑의 언어가 스킨십이라면 어떻게 서로의 사랑의 언어를 표현할 수 있을지 몇 가지 창의적인 방법을 소개하겠습니다. 첫째, 두 사람이 같이 찍은 사진을 지니고 있으면 함께했던 즐거운 시간을 떠올릴 수 있습니다. 서로의 물건을 지니고 있어도 서로를 떠올릴 수 있을 것입니다. 배우자의 옷이나 스킨, 향수 같은 것들을 보면 배우자가 떠오르고, 그와 즐겁게 지냈던 순간이 기억날 것입니다. 이메일이나 문자로 함께 있을 때 얼마나 즐거웠는지를 이야기하는 것도 좋은 방법입니다. 다시 만날 날까지 달력에서 하루하루 날짜를 지워 나가는 방법도 있습니다. 이 밖에도 여러 방법이 있는데, 어쨌거나 이 모든 것은 부분적으로는 스킨십이라고 하는 사랑의 언어를 대체할 만한 신체 활동입니다.

함께하는 시간으로 말하자면, 두 사람이 서로 격려하고, 편지나 선물 등을 주고받으며 서로 연결되어 있다고 느끼면 함께하는 시간을 대체하는 것이라고 할 수 있습니다. 물론 사람들이 선호하는 방법은 아니지만, 함께하는 시간임은 확실합니다. 그렇게 생각하고 즐길 수 있어야 합니다.

당신이 얼마나 배우자의 곁에 있고 싶어 하고 사랑을 키워 나가고 싶어 하는지 자주 이야기하는 것도 함께하는 시간을 표현할 방법이 됩니다. 서로 떨어져 있을 때 『5가지 사랑의 언어』를 읽거나 채프먼 박사의 팟캐스트를 듣고 같이 이야기를 나누는 것도 관계를 키워 나가는 데 좋은 방법이 됩니다. 이런 일에는 헌신이 필요하지만 서로를 진정으로 사랑한다면 서로 유대감을 느끼는 데 필요한 에너지와 시간을 찾을 수 있을 것입니다.

서로 떨어져 있는 상황을 배우자의 사랑의 언어를 연습할 기회로 삼으시기 바랍니다. 편지와 선물을 단순하게 생각하지 말고, 사랑을 표현하기 위한 노력과 인정하는 말로 보아야 합니다.

거리상 서로 떨어져 있으면 관계를 키워 나가기 어렵겠지만, 그렇다고 관계가 끝나는 것은 아닙니다. 함께하는 시간이 많으면 분명 관계에 큰 도움이 됩니다. 노력이 많이 필요하겠지만 말입니다. 아무리 멀리 떨어져 있어도 두 사람이 서로 헌신하며 창의력을 발휘하여 서로의 사랑의 언어를 말한다면, 관계가 돈독해질 것입니다.

5가지 사랑의 언어 검사
THE FIVE LOVE LANGUAGES FOR MEN

|남편용|

for Husbands

5가지 사랑의 언어 검사

5가지 사랑의 언어 검사는 당신과 배우자가 주로 어떤 방법을 통해 정서적으로 소통하는지 철저하게 분석합니다. 이 검사를 통해 당신은 자신의 사랑의 언어가 무엇이고 그것이 어떤 의미인지, 그리고 사랑하는 사람과 친밀하고 만족스러운 관계를 유지하려면 사랑의 언어를 어떻게 사용해야 하는지 알게 될 것입니다. 남편과 아내가 각자 해볼 수 있도록 2개의 설문지를 수록했습니다.

설문지는 총 30개의 문항으로 구성되어 있습니다. 부부 관계에서 당신에게 가장 의미 있는 것을 나타내는 문장을 고르십시오. 두 문장 다 당신의 상황에 부합할 수도 그렇지 않을 수도 있습니다. 그러나 평소에 당신이 가장 의미 있다고 생각한 것을 담은 문장을 고르십시오. 전체를 읽고 응답하는 데 10-15분 정도 걸릴 것입니다. 마음이 편안한 상태에서 시작하십시오. 서두르지 마십시오. 결과를 기록하고, 결과에 대한 해석을 확인하십시오.

내게 더욱 의미 있는 순간은 _____할 때다.

1 아내에게서 특별한 이유 없이 사랑을 고백하는 문자나 이메일을 받을 때   A

아내와 포옹할 때   E

2 아내와 단둘이 시간을 보낼 때   B

아내가 나를 돕기 위해 실제로 무언가를 할 때   D

3 아내가 사랑의 표시로 작은 선물을 줄 때   C

방해받지 않고 아내와 여가를 즐길 때   B

4 아내가 생각지도 못했는데 내 차에 주유를 해주거나 빨래를 해줄 때   D

아내와 스킨십을 할 때   E

5 사람들이 보는 앞에서 아내가 내 허리에 팔을 두를 때   E

아내가 선물을 주어 나를 놀라게 할 때   C

6 할 일이 특별히 없어도 아내의 곁에 있을 때   B

아내와 손을 잡고 있을 때   E

7 아내가 선물을 줄 때   C

아내에게서 사랑한다는 말을 들을 때   A

8	아내 곁에 바짝 붙어 앉아 있을 때	E
	별다른 이유 없이 아내에게서 칭찬을 들을 때	A

9	아내와 함께 시간을 보낼 때	B
	예기치 못하게 아내에게서 작은 선물을 받을 때	C

10	아내에게서 내가 자랑스럽다는 말을 들을 때	A
	아내가 내 일을 도와줄 때	D

11	아내와 뭔가를 함께할 수 있을 때	B
	아내에게서 나를 지지하는 말을 들을 때	A

12	아내가 말만 그럴싸하게 하지 않고 나를 위해 직접 무언가를 할 때	D
	포옹을 하며 아내와 연결되어 있다고 느낄 때	E

13	아내에게서 칭찬을 들을 때	A
	아내가 진심으로 나를 사랑하고 있음을 보여 주는 무언가를 내게 줄 때	C

14	그냥 아내 곁에 있을 수 있을 때	B
	아내가 등을 어루만져 주거나 마사지를 해줄 때	E

15	내가 성취한 무언가에 대해 아내가 긍정적인 반응을 보일 때	A
	아내가 나를 위해 별로 좋아하지 않는 일인데도 참고 해줄 때	D

16	아내와 자주 키스할 수 있을 때	E
	내가 좋아하는 것들에 대해 아내가 관심을 보일 때	B
17	내가 끝마쳐야 하는 특별한 프로젝트를 위해 아내가 노력할 때	D
	아내에게서 근사한 선물을 받을 때	C
18	아내가 내 외모를 칭찬할 때	A
	아내가 시간을 내어 내 이야기를 들어 주고 공감해 줄 때	B
19	사람들이 보는 앞에서 아내와 가벼운 스킨십을 할 때	E
	아내가 나를 위해 심부름을 해줄 때	D
20	아내가 자기 몫 이상의 일을 하며 내 일을 덜어 줄 때	D
	아내에게서 그녀가 심사숙고해서 고른 선물을 받을 때	C
21	나와 대화하는 동안 아내가 휴대 전화를 확인하지 않을 때	B
	내가 느끼는 중압감을 덜어 주려고 아내가 평소에 하지 않던 일을 할 때	D
22	아내에게서 휴가를 선물 받을 때	C
	아내에게서 고맙다는 말을 들을 때	A
23	아내가 여행을 다녀오면서 내게 작은 선물을 사다 줄 때	C
	내가 해야 하지만 스트레스를 받아서 하지 못하고 있던 일을 아내가 해줄 때	D

| 24 | 내가 말하는 동안 아내가 끼어들지 않고 듣고 있을 때 | B |
| | 선물이 우리 관계에 중요한 한 부분일 때 | C |

| 25 | 내가 이미 지친 상태라는 것을 알고 아내가 나를 도와줄 때 | D |
| | 어딘가에 가서 아내와 함께 시간을 보낼 때 | B |

| 26 | 아내와 내가 육체적 친밀감을 느낄 때 | E |
| | 아내가 특별한 날도 아닌데 내게 선물을 줄 때 | C |

| 27 | 아내가 내게 격려가 되는 말을 해줄 때 | A |
| | 아내와 함께 취미 생활이나 그 밖의 활동을 할 때 | B |

| 28 | 아내가 고맙다는 뜻으로 작은 선물을 하여 나를 놀라게 할 때 | C |
| | 하루 중에 아내와 스킨십을 많이 할 때 | E |

| 29 | 아내가 바쁜 중에도 나를 도와줄 때 | D |
| | 아내가 내게 특별히 고마워할 때 | A |

| 30 | 아내와 한동안 떨어져 있다가 다시 만나 포옹할 때 | E |
| | 아내가 내가 얼마나 소중한 존재인지에 대해 말할 때 | A |

*선택한 A, B, C, D, E 각각의 개수를 기록하십시오.

A _____ B _____ C _____ D _____ E _____

A. 인정하는 말 B. 함께하는 시간 C. 선물 D. 봉사 E. 스킨십

검사 결과 해석

가장 점수가 높은 것이 당신의 제1의 사랑의 언어입니다. 가장 높은 점수가 2가지가 나왔는데 두 번째 점수가 가장 높은 점수와 비슷하다면 2가지 모두 당신에게 중요하다는 의미입니다. 어느 언어든 12점이 가장 높은 점수입니다.

점수가 낮은 것은 당신이 사랑을 전하는 데 잘 사용하지 않는 언어이며, 정서적인 면에서 당신에게 그리 큰 영향을 미치지 않을 것입니다.

유의 사항

몇몇 사랑의 언어에서 높은 점수를 얻었다고 나머지 언어들을 중요하지 않게 여겨서는 안 됩니다. 당신의 아내가 그 나머지 언어로 말할 수 있습니다. 그 경우 그 언어에 대해 잘 알아 두면 도움이 될 것입니다.

마찬가지로 아내도 당신의 사랑의 언어를 알고 당신이 사랑이라고 여기는 언어로 사랑을 표현하는 것이 중요합니다. 당신과 당신의 아내가 서로의 사랑의 언어를 말할 때 두 사람은 서로 감정적 점수를 따는 것입니다. 물론 이것은 점수 따기 게임이 아닙니다. 서로의 사랑의 언어를 말할 때 따르는 유익은 둘 사이의 유대감이 커진다는 것입니다. 그러면 의사소통이 더 잘 이루어지고, 이해가 증진되며, 결국은 둘 사이의 사랑이 커질 것입니다.

아내가 아직 검사하지 않았다면 아내용 설문지를 사용하도록 권하십시오. 서로의 사랑의 언어에 대해 이야기를 나누고 더욱 행복한 결혼 생활을 가꾸어 가십시오.

5가지 사랑의 언어 검사

THE FIVE LOVE LANGUAGES FOR MEN

|아내용|

for Wives

5가지 사랑의 언어 검사

앞에서도 언급했듯이 이 검사는 당신이 주로 어떤 방법을 통해 정서적으로 소통하는지 철저하게 분석합니다. 이 검사를 통해 당신은 자신의 사랑의 언어가 무엇이고 그것이 어떤 의미인지, 그리고 사랑하는 사람과 친밀하고 만족스러운 관계를 유지하려면 사랑의 언어를 어떻게 사용해야 하는지 알게 될 것입니다. 남편과 아내가 각자 해볼 수 있도록 2개의 설문지를 수록했습니다.

설문지는 총 30개의 문항으로 구성되어 있습니다. 부부 관계에서 당신에게 가장 의미 있는 것을 나타내는 문장을 고르십시오. 두 문장 다 당신의 상황에 부합할 수도 그렇지 않을 수도 있습니다. 그러나 평소에 당신이 가장 의미 있다고 생각한 것을 담은 문장을 고르십시오. 전체를 읽고 응답하는 데 10-15분 정도 걸릴 것입니다. 마음이 편안한 상태에서 시작하십시오. 서두르지 마십시오. 결과를 기록하고, 결과에 대한 해석을 확인하십시오.

내게 더욱 의미 있는 순간은 _____할 때다.

1
남편에게서 특별한 이유 없이 사랑을 고백하는 문자나 이메일을 받을 때   A

남편과 포옹할 때   E

2
남편과 단둘이 시간을 보낼 때   B

남편이 나를 돕기 위해 실제로 무언가를 할 때   D

3
남편이 사랑의 표시로 작은 선물을 줄 때   C

방해받지 않고 남편과 여가를 즐길 때   B

4
남편이 생각지도 못했는데 내 차에 주유를 해주거나 빨래를 해줄 때   D

남편과 스킨십을 할 때   E

5
사람들이 보는 앞에서 남편이 내 허리에 팔을 두를 때   E

남편이 선물을 주어 나를 놀라게 할 때   C

6
할 일이 특별히 없어도 남편의 곁에 있을 때   B

남편과 손을 잡고 있을 때   E

7
남편이 선물을 줄 때   C

남편에게서 사랑한다는 말을 들을 때   A

8	남편 곁에 바짝 붙어 앉아 있을 때	E
	별다른 이유 없이 남편에게서 칭찬을 들을 때	A

9	남편과 함께 시간을 보낼 때	B
	예기치 못하게 남편에게서 작은 선물을 받을 때	C

10	남편에게서 내가 자랑스럽다는 말을 들을 때	A
	남편이 내 일을 도와줄 때	D

11	남편과 뭔가를 함께할 수 있을 때	B
	남편에게서 나를 지지하는 말을 들을 때	A

12	남편이 말만 그럴싸하게 하지 않고 나를 위해 직접 무언가를 할 때	D
	포옹을 하며 남편과 연결되어 있다고 느낄 때	E

13	남편에게서 칭찬을 들을 때	A
	남편이 진심으로 나를 사랑하고 있음을 보여 주는 무언가를 내게 줄 때	C

14	그냥 남편 곁에 있을 수 있을 때	B
	남편이 등을 어루만져 주거나 마사지를 해줄 때	E

15	내가 성취한 무언가에 대해 남편이 긍정적인 반응을 보일 때	A
	남편이 나를 위해 별로 좋아하지 않는 일인데도 참고 해줄 때	D

| 16 | 남편과 자주 키스할 수 있을 때 | E |
| | 내가 좋아하는 것들에 대해 남편이 관심을 보일 때 | B |

| 17 | 내가 끝마쳐야 하는 특별한 프로젝트를 위해 남편이 노력할 때 | D |
| | 남편에게서 근사한 선물을 받을 때 | C |

| 18 | 남편이 내 외모를 칭찬할 때 | A |
| | 남편이 시간을 내어 내 이야기를 들어 주고 공감해 줄 때 | B |

| 19 | 사람들이 보는 앞에서 남편과 가벼운 스킨십을 할 때 | E |
| | 남편이 나를 위해 심부름을 해줄 때 | D |

| 20 | 남편이 자기 몫 이상의 일을 하며 내 일을 덜어 줄 때 | D |
| | 남편에게서 그가 심사숙고해서 고른 선물을 받을 때 | C |

| 21 | 나와 대화하는 동안 남편이 휴대 전화를 확인하지 않을 때 | B |
| | 내가 느끼는 중압감을 덜어 주려고 남편이 평소에 하지 않던 일을 할 때 | D |

| 22 | 남편에게서 휴가를 선물 받을 때 | C |
| | 남편에게서 고맙다는 말을 들을 때 | A |

| 23 | 남편이 여행을 다녀오면서 내게 작은 선물을 사다 줄 때 | C |
| | 내가 해야 하지만 스트레스를 받아서 하지 못하고 있던 일을 남편이 해줄 때 | D |

| 24 | 내가 말하는 동안 남편이 끼어들지 않고 듣고 있을 때 | B |
| | 선물이 우리 관계에 중요한 한 부분일 때 | C |

| 25 | 내가 이미 지친 상태라는 것을 알고 남편이 나를 도와줄 때 | D |
| | 어딘가에 가서 남편과 함께 시간을 보낼 때 | B |

| 26 | 남편과 내가 육체적 친밀감을 느낄 때 | E |
| | 남편이 특별한 날도 아닌데 내게 선물을 줄 때 | C |

| 27 | 남편이 내게 격려가 되는 말을 해줄 때 | A |
| | 남편과 함께 취미 생활이나 그 밖의 활동을 할 때 | B |

| 28 | 남편이 고맙다는 뜻으로 작은 선물을 하여 나를 놀라게 할 때 | C |
| | 하루 중에 남편과 스킨십을 많이 할 때 | E |

| 29 | 남편이 바쁜 중에도 나를 도와줄 때 | D |
| | 남편이 내게 특별히 고마워할 때 | A |

| 30 | 남편과 한동안 떨어져 있다가 다시 만나 포옹할 때 | E |
| | 남편이 내가 얼마나 소중한 존재인지에 대해 말할 때 | A |

*선택한 A, B, C, D, E 각각의 개수를 기록하십시오.

A _____ B _____ C _____ D _____ E _____

A. 인정하는 말 B. 함께하는 시간 C. 선물 D. 봉사 E. 스킨십

검사 결과 해석

가장 점수가 높은 것이 당신의 제1의 사랑의 언어입니다. 가장 높은 점수가 2가지가 나왔는데 두 번째 점수가 가장 높은 점수와 비슷하다면 2가지 모두 당신에게 중요하다는 의미입니다. 어느 언어든 12점이 가장 높은 점수입니다.

점수가 낮은 것은 당신이 사랑을 전하는 데 잘 사용하지 않는 언어이며, 정서적인 면에서 당신에게 그리 큰 영향을 미치지 않을 것입니다.

유의 사항

몇몇 사랑의 언어에서 높은 점수를 얻었다고 나머지 언어들을 중요하지 않게 여겨서는 안 됩니다. 당신의 남편이 그 나머지 언어로 말할 수 있습니다. 그 경우 그 언어에 대해 잘 알아 두면 도움이 될 것입니다.

마찬가지로 남편도 당신의 사랑의 언어를 알고 당신이 사랑이라고 여기는 언어로 사랑을 표현하는 것이 중요합니다. 당신과 당신의 남편이 서로의 사랑의 언어를 말할 때 두 사람은 서로 감정적 점수를 따는 것입니다. 물론 이것은 점수 따기 게임이 아닙니다. 서로의 사랑의 언어를 말할 때 따르는 유익은 둘 사이의 유대감이 커진다는 것입니다. 그러면 의사소통이 더 잘 이루어지고, 이해가 증진되며, 결국은 둘 사이의 사랑이 커질 것입니다.

남편이 아직 검사하지 않았다면 남편용 설문지를 사용하도록 권하십시오. 서로의 사랑의 언어에 대해 이야기를 나누고 더욱 행복한 결혼 생활을 가꾸어 가십시오.

THE FIVE LOVE LANGUAGES FOR MEN

사명선언문

너희가 흠이 없고 순전하여……세상에서 그들 가운데 빛들로
나타내며 생명의 말씀을 밝혀 _ 빌 2:15-16

1. 생명을 담겠습니다

만드는 책에 주님 주신 생명을 담겠습니다.
그 책으로 복음을 선포하겠습니다.

2. 말씀을 밝히겠습니다

생명의 근본은 말씀입니다.
말씀을 밝혀 성도와 교회의 성장을 돕겠습니다.

3. 빛이 되겠습니다

시대와 영혼의 어두움을 밝혀 주님 앞으로 이끄는
빛이 되는 책을 만들겠습니다.

4. 순전히 행하겠습니다

책을 만들고 전하는 일과 경영하는 일에 부끄러움이 없는
정직함으로 행하겠습니다.

5. 끝까지 전파하겠습니다

모든 사람에게, 땅 끝까지, 주님 오시는 그날까지
복음을 전하는 사명을 다하겠습니다.

서점 안내

광화문점 서울시 종로구 새문안로 69 구세군회관 1층
02)737-2288 / 02)737-4623(F)

강남점 서울시 서초구 신반포로 177 반포쇼핑타운 3동 2층
02)595-1211 / 02)595-3549(F)

구로점 서울시 동작구 시흥대로 602, 3층 302호
02)858-8744 / 02)838-0653(F)

노원점 서울시 노원구 동일로 1366 삼봉빌딩 지하 1층
02)938-7979 / 02)3391-6169(F)

일산점 경기도 고양시 일산서구 중앙로 1391 레이크타운 지하 1층
031)916-8787 / 031)916-8788(F)

의정부점 경기도 의정부시 청사로47번길 12 성산타워 3층
031)845-0600 / 031)852-6930(F)

인터넷서점 www.lifebook.co.kr